성철스님의
돈오입도요문론 강설

성철스님의

돈오입도요문론 강설

頓悟入道要門論 講說

장경각

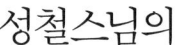

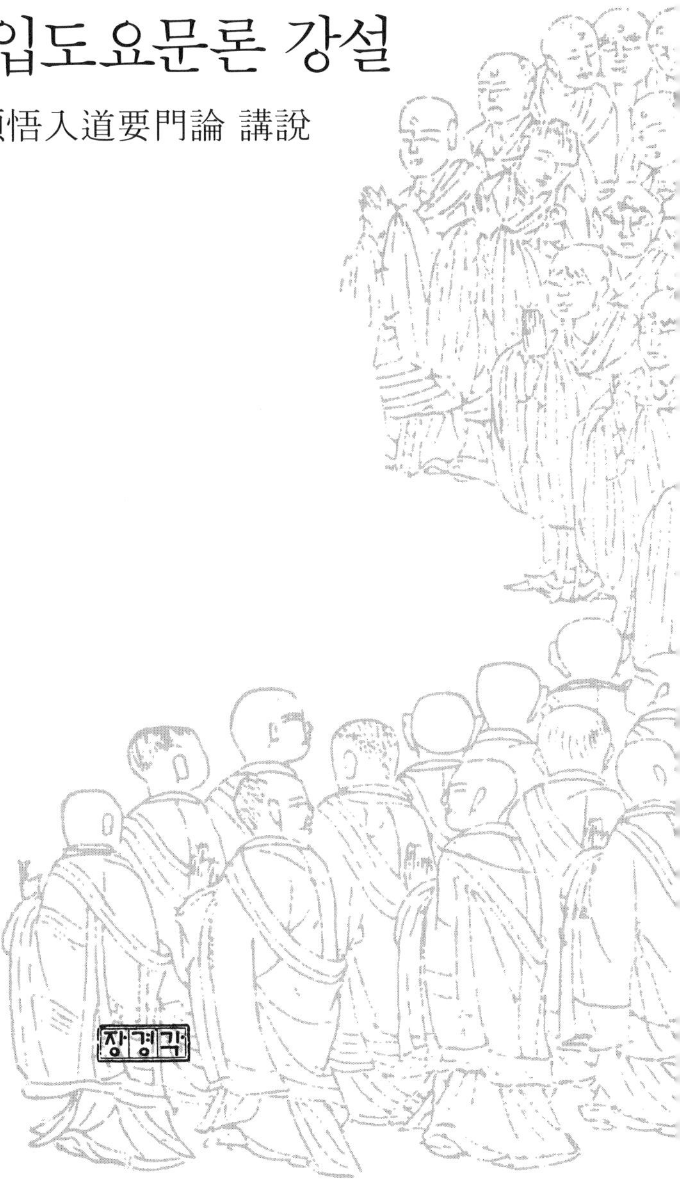

서언(緒言)

쉬고 쉬니
절름발이 자라요 눈먼 거북이로다.
있느냐, 있느냐
문수와 보현이로다.
허공이 무너져 떨어지고
대지가 묻혀버리네.
높고 높은 산봉우리에 앉아
머리엔 재 쓰고 얼굴엔 진흙 발랐네.
시끄러운 거리에서
못을 끊고 쇠를 자르니
날라리리랄라여!
들늙은이 취해 방초 속에서 춤추네.
때 묻은 옷을 방편으로 걸어놓고 부처라 하나
도리어 보배로 단장하면 다시 누구라 할꼬.
여기서 금강정안을 잃으면
팔만장경은 고름 닦은 휴지로다.
마명과 용수는 어느 곳을 향하여 입을 열리오.

잠시 침묵한 후
"갑·을·병·정·무로다."
억!

홀로 높고 높아 비교할 수 없는 사자왕이
스스로 쇠사슬에 묶여 깊은 함정에 들어가네.
한 번 소리치니 천지가 진동하나
도리어 저 여우가 서로 침을 뱉고 웃는구나.
쯧쯧쯧
황금 궁궐과 칠보의 자리 버리고
중생을 위해 아비지옥으로 들어가네.

休去歇去하니 跛鼈盲龜요
有麽有麽아 文殊普賢이라
虛空이 撲落하고 大地가 平沈이로다
高高峰頂에 灰頭土面이요
紛紛街下에 斬釘截鐵하니
囉囉哩哩囉囉여
野老가 醉舞芳草裏로다
權掛垢衣云是佛이나
却裝珍御復名誰오
於此에 喪却金剛正眼하면
八萬藏敎는 是拭瘡疣故紙라
馬鳴龍樹는 向什麽處하야 下口리오

良久에 云호대
甲乙丙丁戊로다
喝一喝

獨尊無比獅子王이
鐵鎖自縛入深窂이라
哮吼一聲震天地하나
却彼野干相唾笑로다
咄咄咄
抛却金闕七寶座하고
欲爲衆生入阿鼻로다

　　　　　　　丁未年 冬安居 結制日
　　　　　　　　　性　徹　識

차례

서언(緒言)　　　　　　　　　　　　　　　　… 4

돈오입도요문론 강설

서설(序說)　　　　　　　　　　　　　　　　… 13
1. 불보살(佛菩薩)께 헌사(獻辭)　　　　　　　… 17
2. 돈오(頓悟)　　　　　　　　　　　　　　　… 18
3. 선정(禪定)　　　　　　　　　　　　　　　… 25
4. 무주처(無住處)와 무주심(無住心)　　　　　… 30
5. 자성견(自性見)　　　　　　　　　　　　　… 35
6. 열반경(涅槃經)의 이구(二句)　　　　　　　… 39
7. 불견유무(不見有無)가 진해탈(眞解脫)　　　… 43
8. 무소견(無所見)　　　　　　　　　　　　　… 46
9. 돈오문(頓悟門)의 종지(宗旨)와 체용(體用)　… 53
　　1) 종지(宗旨)와 체용(體用)　　　　　　　… 53
　　2) 이성공(二性空)　　　　　　　　　　　… 59

7

10. 돈오(頓悟)는 단바라밀(檀波羅蜜)로부터 … 62
11. 삼학(三學)을 함께 쓰다 … 70
12. 무생심(無生心) … 72
13. 상주(常住) … 82
14. 오종법신(五種法身) … 84
15. 등각(等覺)과 묘각(妙覺) … 90
16. 설법(說法) … 93
17. 금강경(金剛經)의 경천(輕賤) … 95
18. 여래(如來)의 오안(五眼) … 99
19. 대승(大乘)과 최상승(最上乘) … 102
20. 정혜(定慧)를 함께 씀 … 104
21. 경상(鏡像)과 정혜(定慧) … 106
22. 언어도단심행처멸(言語道斷心行處滅) … 114
23. 여여(如如) … 117
24. 즉색즉공(卽色卽空) … 120
25. 진(盡)과 무진(無盡) … 125
26. 불생불멸(不生不滅) … 127
27. 불계(佛戒)는 청정심(淸淨心) … 129
28. 불(佛)과 법(法)의 선후(先後) … 133
29. 설통(說通)과 종통(宗通) … 135

30. 도(到)와 부도(不到) … 138

31. 부진유위(不盡有爲)며 부주무위(不住無爲) … 140

32. 지옥유무(地獄有無) … 143

33. 중생(衆生)과 불성(佛性) … 145

34. 삼신사지(三身四智) … 149

35. 불진신(佛眞身) … 155

36. 상불리불(常不離佛) … 158

37. 무위법(無爲法) … 160

38. 중도(中道) … 162

39. 오음(五陰) … 164

40. 이십오유(二十五有) … 166

41. 무념(無念)과 돈오(頓悟) … 170

    1) 무념(無念) … 170

    2) 돈오(頓悟) … 175

    3) 진여(眞如)와 무심(無心) … 176

42. 중생자도(衆生自度) … 181

43. 동처부동주(同處不同住) … 185

44. 일체처(一切處)에 무심(無心) … 189

45. 필경정(畢竟淨) … 193

46. 필경증(畢竟證) … 195

47. 진해탈(眞解脫) ··· 197
48. 필경득(畢竟得) ··· 198
49. 필경공(畢竟空) ··· 199
50. 진여정(眞如定) ··· 200
51. 중도(中道)는 일체처무심(一切處無心) ··· 202
52. 일체처무심(一切處無心)이 해탈(解脫) ··· 205

결언(結言) ··· 210
후기(後記) ··· 211

[附錄] 제방문인참문어록(諸方門人參問語錄) ··· 213

찾아보기 ··· 281

돈오입도요문론 강설

서설(序說)

이 논(論)을 지은 이는 마조도일(馬祖道一) 스님의 제자인 대주혜해(大珠慧海) 스님입니다.

스님의 전기(傳記)는 명확하게 기록된 것이 없고 다만 『조당집(祖堂集)』권14, 『경덕전등록(景德傳燈錄)』권6 등에 단편적으로 나타나고 있는데, 이를 종합해 보면 마조스님을 6년 간 모시고 살았다는 사실만이 스님의 생존연대를 추정할 수 있는 유일한 단서입니다.

혜해(慧海)스님은 건주(建州, 福建省) 사람으로 성(姓)은 주(朱) 씨이며 월주(越州, 浙江省)의 대운사(大雲寺) 도지화상(道智和尙)에게 출가, 득도하였습니다.

그 후 스님은 강서(江西)에 있는 마조스님을 찾아가 뵈니, 마조스님이 물었습니다.

"어디서 오는가?"

"월주 대운사에서 왔습니다."

"여기 와서 무엇을 구하려고 하는가?"

"불법(佛法)을 구하러 왔습니다."

"자기 집의 보배창고는 돌아보지 않고 집을 떠나 사방으로 돌아

다니면서 무엇을 구하려 하는가? 나에게는 한 물건도 없는데 어떤 불법(佛法)을 구하려 하는가?"

그러자 혜해스님이 절을 하고 물었습니다.

"어떤 것이 혜해 자신의 보배창고입니까?"

"지금 나에게 묻고 있는 것이 너의 보배창고이다. 일체가 구족하여 조금도 모자람이 없고 사용(使用)이 자재한데 어찌하여 밖에서 구하려 하는가?"

이 말끝에 혜해스님은 크게 깨쳐서 자기의 본래 마음을 알았는데 그것은 지적(知的)인 이해로 말미암은 것이 아니었습니다.

스님은 뛸 듯이 기뻐서 절을 올려 감사를 드리고 6년 동안 마조스님을 시봉하였습니다.

그 후 도지화상이 연로(年老)하시므로 대운사로 다시 돌아와서 도지화상을 봉양하였습니다. 그리고 자취와 활동을 감춘 채 겉으로는 어리석게 살면서 『돈오입도요문론(頓悟入道要門論)』 한 권을 저술하였습니다.

이 책을 조카 상좌인 현안(玄晏)이 훔쳐서 마조스님에게 보이니 마조스님이 이것을 보시고 대중들에게,

"월주(越州)에 큰 구슬[大珠]이 있으니 둥글고 밝은 광명이 비추어 자유자재로워 걸림이 없구나."

하고 감탄하시니 대중 가운데 혜해스님의 성이 주(朱) 씨임을 알고 있던 자가 있어서 큰 구슬[大珠]은 바로 혜해스님을 크게 칭찬하는 말임을 알아차리고,

"옛날 같이 살았을 때는 그렇게 훌륭한 스님인 줄 몰랐는데 이제

보니 큰 도인임에 틀림없구나."
하고 다시 스님을 보게 되었습니다.

　그 후 많은 사람들이 도반을 이루어 앞을 다투어 월주의 스님 문하에 들어와서 공부를 배우게 되었습니다. 그 이후 혜해스님을 대주(大珠)스님이라 부르게 되었습니다.

　마조스님 문하에서 대주스님의 위치를 본다면 마조스님 비문에서나 『경덕전등록』, 『조당집』에서나 모두 스님을 마조스님의 수제자(首弟子)로 하고 있습니다. 그리고 『경덕전등록』에 1천7백여 명의 큰스님 법문이 실려 있지만, 그 중에서도 대주스님의 법문이 가장 많이 실려 있고 제28권에도 다시 스님의 긴 법어가 따로 실려 있습니다.

　마조스님의 정맥은 백장(百丈)스님에게로 내려갔다고 하는 것이 선가의 정설(定說)로 되어 있지만 그 당시에는 백장(百丈)스님, 남전(南泉)스님, 법상(法常)스님들보다 대주스님이 더 유명하였으며 천하에 이름을 더 날렸습니다.

　이러한 점으로 미루어볼 때 『돈오입도요문론』은 당대에 명성을 떨친 대주스님의 저술이고, 또 선가(禪家)의 대조사이신 마조스님이 극찬한 책이므로 선종(禪宗)의 정통사상을 아는 데 있어서 말할 수 없이 귀중한 자료라고 하지 않을 수 없습니다.

　여기서 우리가 또 한 가지 중요하게 여겨야 할 것은 『육조단경(六祖壇經)』, 『전심법요(傳心法要)』, 『백장광록(百丈廣錄)』 등 선종의 어록들이 많이 있지만, 이러한 어록들은 당시 사람들이나 후세 사람들이 그 스님이 입적하신 뒤에 법문을 기록하거나 수집한 것이지 본인들이 직접 편찬한 것이 아닙니다. 하지만 『돈오입도요문론』은 대주스님이 직접 저술하였으므로 거기에 가필이나 착오가 없다고 보며 다른 어떠한 어록보다도 완전한 것이라고 학자들은 말하고 있습니다. 또 마조스님이 인가하신 논(論)이니만큼 부처님의 정법(正法)을 정확하게 기술한 것으로서 선종 초기의 근본사상을 연구하는 데 있어서 『증도가(證道歌)』와 함께 가장 중요한 위치를 차지하고 있습니다.

돈오(頓悟)란 구경각(究竟覺)을 말합니다. 즉 제8아뢰야 근본무명이 완전히 끊어져서 중도(中道)를 정등각(正等覺)하여 진여본성(眞如本性)을 깨친 증오(證悟)를 말하는 것입니다.

중도(中道)를 정등각한 구경각을 돈오라고 하는 만큼 입도(入道)라고 하는 것도 결국은 성불(成佛)과 같은 뜻으로서 증도(證道)라는 말과 뜻이 같습니다.

그러므로 이 『돈오입도요문론』은 영가스님의 『증도가』와 그 사상과 내용이 같다고 할 수 있겠습니다.

이 점을 잘 이해하고 법문을 들어주시길 바랍니다.

1. 불보살(佛菩薩)께 헌사(獻辭)

시방의 모든 부처님과 대보살님들께 머리 숙여 예배를 올립니다.
부처님의 제자인 제가 이 논(論)을 지었으나 부처님의 마음을 알지 못하였을까 두려우니 부디 참회를 받아 주십시오. 만약 부처님의 이치를 알았거든 일체 유정의 중생에게 모두 회향하여 내세(來世)에 다 함께 성불하기를 바라옵니다.

稽首和南十方諸佛과 諸大菩薩衆하노이다. 弟子今作此論하노니 恐不會聖心커든 願賜懺悔하고 若會聖理어든 盡將廻施一切有情하야 願於來世에 盡得成佛하노이다.

○ 대주스님이 확철히 깨친 안목으로 불교의 근본적인 이론을 논으로 짓기는 지었지만 혹시 잘못된 것이 있으면 부처님께 참회하고, 또 잘못된 가운데에서도 좋은 말이 있으면 일체중생에게 베풀어 모두가 성불하게 되면 얼마나 다행이겠느냐는 겸양의 말씀으로 서언을 대신한 것입니다.

2. 돈오(頓悟)

"어떤 법을 닦아야 곧 해탈(解脫)을 얻을 수 있겠습니까?"
"오직 돈오(頓悟)의 한 문[一門]만이 곧 해탈을 얻을 수 있느니라."

問 欲修何法하야사 卽得解脫고
答 唯有頓悟一門하야 卽得解脫이니라.

○ 불법(佛法)의 근본목표가 바로 생사해탈(生死解脫)에 있다는 것은 누구나 다 아는 일입니다. 그렇지만 해탈에 이르는 방법에는 여러 가지가 있어서 범부중생(凡夫衆生)에게는 혼란을 야기시키고 있습니다.
부처님의 가르침에도 8만4천 법문으로 시설되어 있어서 중생의 근기(根機)에 따라 이 문으로 들어갈 수도 있고 저 문으로 들어갈 수도 있는 것입니다. 그런데 그 가운데서도 근본적으로 어떤 법을 닦아야만 곧바로 쉽게 해탈을 얻을 수 있느냐 하는 것이 중요합니다. 이러한 뜻에서 이 물음을 끌어온 것입니다.

이에 대한 대답으로 진정한 해탈을 얻으려면 돈오(頓悟)라는 한 문[一門]에 의지해서 진여자성(眞如自性)을 바로 깨쳐야 얻을 수 있다는 것을 강조하고 있습니다.

해탈(解脫)이란 일체 번뇌망상을 다 여읜 가운데서 구경각을 성취해야만 얻을 수 있는 것이지 구경각을 성취하기 전에는 실질적인 해탈이라고 할 수 없습니다.

그리고 실질적인 해탈을 얻는다는 것은 돈오(頓悟), 즉 증오(證悟)가 되어야지 해오(解悟)가 되어서는 해탈을 얻었다고 할 수 없습니다.

십지보살(十地菩薩)이 설법을 구름 일 듯하고 비 오듯이 잘하더라도 근본무명을 완전히 끊은 해탈이 아니니 구경각을 성취해야만 진정한 해탈이 되는 것입니다.

또 돈오하면 해탈한다고 했으므로 돈오의 내용과 해탈의 내용은 똑같아서 돈오가 증오이며 바로 구경각(究竟覺)인 것입니다.

"어떤 것을 돈오(頓悟)라고 합니까?"
"돈(頓)이란 단박에 망념(妄念)을 없앰이요, 오(悟)란 얻은 바 없음[無所得]을 깨치는 것이니라."

云何爲頓悟오
答 頓者는 頓除妄念이오 悟者는 悟無所得이니라.

○ 이것은 돈오의 근본내용을 표현한 것입니다. 여기서 망념(妄

念)을 없앤다는 것은 제8아뢰야식의 미세망념까지 포함해서 모든 망념을 다 없앤다는 뜻입니다. 보통 우리가 생멸(生滅)적인 무심(無心)을 말해서 망념을 없앤다고 하는데 이것은 전체적으로 망념을 다 없앤 것이 아닙니다.

그러면 어떻게 해서 돈(頓)이라고 하는가 하면 '돈(頓)'이란 시간적으로 일 찰나를 의미하는 것입니다. 망념을 없애는 데 있어서 점차적으로 조금씩 조금씩 단계적으로 없애는 것이 아니라, 참으로 바른 법(法)을 알아서 시간적으로 일 찰나간에 근본무명을 완전히 끊고 구경각을 성취할 수 있다는 뜻입니다. 그러므로 시간적으로 여유를 두지 않고 눈 깜짝할 사이에 전체 망념이 다 떨어졌기 때문에 돈(頓)이라고 하는 것입니다.

'얻은 바 없다[無所得]'고 하는 것은 교가(敎家)에 있어서는 십지(十地)·등각(等覺)보살이라도 아직까지 공부의 자취가 남아 있어서 어느 경에서도 십지·등각보살을 무소득(無所得)이라고 말하지 않았으며, 참으로 구경각을 이룬 것을 무소득이라고 하였습니다. 제8아뢰야 근본무명을 끊고 십지·등각을 넘어서 구경각을 성취한 것이 돈오(頓悟)이니, 삽삼조사(卅三祖師)로부터 시작하여 천하 선종의 정맥은 구경각을 돈오라고 했지 그 중간의 해오(解悟)를 돈오라고 한 분은 아무도 없다는 것을 이 간단한 문구에서 다 표현하고 있습니다.

"무엇부터 닦아야 합니까?"
"근본(根本)부터 닦아야 하느니라."

"어떻게 하는 것이 근본부터 닦는 것입니까?"
"마음이 근본이니라."

問 從何而修오
答 從根本修니라.
云何從根本修오
答 心爲根本이니라.

○ 마음을 바로 닦고 마음을 깨치면 돈오할 수 있습니다. 여기서 마음이라고 하는 것은 우리의 진여자성(眞如自性)을 말하는 것이며 중생의 생멸심(生滅心)을 말하는 것이 아닙니다.

"마음이 근본임을 어떻게 알 수 있습니까?"
"『능가경』에 이르기를, '마음이 생(生)하면 일체만법이 생(生)하고 마음이 멸(滅)하면 일체만법이 멸(滅)한다'고 하였고, 『유마경』에 이르기를, '정토(淨土)를 얻으려고 하면 마땅히 그 마음을 깨끗이 하여야 하나니 그 마음의 깨끗함을 따라 불국토가 깨끗해진다' 하였고, 『유교경』에 이르기를, '마음을 한 곳으로 통일하여 제어하면 성취하지 못하는 일이 없다'고 하였고, 어떤 경에서는 '성인은 마음을 구하나 부처를 구하지 않고 어리석은 사람은 부처를 구하면서 마음을 구하지 않는다. 지혜로운 사람은 마음을 다스리나 몸을 다스리지 않고, 어리석은 사람은 몸은 다스리나 마음을 다스리지 않는다'고 하였고, 『불명경』에 이르기를, '죄는 마음에서 났다가 다시 마음을 좇아서 없어진다'고 하였다. 그러므로 선악과 일체의 모든 것은 마음으로부터 말미암은 것이니 그런 까닭에 마음이 근본이다. 만약 해탈을 구하는 사람이라면 먼저 모름지기 근본을 알아야 한다. 만약 이런 이치를 통달하지 못하고 쓸데없이 노력을 허비하여 밖으로 나타난 모양에서 구한다면 옳지 않느니라.『선문경』에 이르기를, '바깥 모양에서 구한다면 비록 몇 겁을 지난다 해도 마침내 이루지 못할 것이요, 안으로 마음을 관조하여 깨치면 한 생각 사이에 보리를 증(證)한다'고 하였느니라."

云何知心爲根本고

答 楞伽經云 心生卽種種法生하고 心滅卽種種法滅이라 維摩經云 欲得淨土인댄 當淨其心이니 隨其心淨하야 卽佛土淨이니라 遺敎經云 但制心一處하면 無事不辨이니라 經云 聖人은 求心不求佛이요 愚人은 求佛不求心이라 智人은 調心不調身하고 愚人은 調身不調心이니라 佛名經云 罪從心生하야 還從心滅이라 하니 故知善惡一切 皆由自心이니 所以로 心爲根本也니라 若求解脫者는 先須識根本이니 若不達此理하고 虛費功勞하야 於外相에 求하면 無有是處니라 禪門經云 於外相에 求하면 雖經劫數나 終不能成이요 於內覺觀하면 如一念頃에 卽證菩提니라.

○『능가경(楞伽經)』의 말씀은 일체유심조(一切唯心造), 즉 일체만

법은 오직 마음이 만든 것이어서 마음 밖에는 법이 없으니 마음이 일체만법의 근본이 되지 않을 수 없다는 것입니다.

『유마경(維摩經)』의 말씀은 불국토(佛國土)란 본래 청정함과 더러움이 없지만 중생이 업견(業見)으로 보기 때문에 깨끗하다 더럽다 한다는 것입니다.

이 말씀은 중생 쪽에서 중생을 상대하여 하시는 말씀입니다. 중생들의 더러운 땅[穢土]을 보고 더러움과 깨끗함을 보는 것이고, 또 생멸(生滅)을 보는 것은 본래 생멸이 있는 것이 아니라 우리 마음이 청결하지 못하기 때문에 더러움과 생멸을 보는 것입니다. 그러므로 자기 마음을 청정하게 닦아서 일체의 망념이 다 떨어질 것 같으면 본래 청정한 불국토를 볼 수 있는 것입니다.

마음을 닦아서 마음을 청정히 해야 불국토를 보고 부처를 볼 수 있는 것이기 때문에 마음이 일체만법의 근본이 된다는 것입니다.

『유교경(遺敎經)』의 말씀은 누구든지 마음을 한 곳에 모아서 잘 닦을 것 같으면 무엇 하나 성취하지 못할 것이 없기 때문에 마음이 일체만법의 근본이 된다는 것입니다. 마음을 잘 제어하여 닦으면 부처도 될 수 있고 조사도 될 수 있고 마구니도 될 수 있으니 모든 것은 마음에 달린 것이지 다른 것에 있는 것이 아닙니다.

어떤 경에서 하신 말씀은 마음이 부처이지 마음 밖에는 부처가 없으므로 밖으로 무엇이 있는가 하고 구할 것 같으면 영원히 부처를 이루지 못한다는 것입니다. 부처 다르고 마음 다른 것이 아닌데 밖으로 모양과 형상에 치우치는 것을 경계하기 위하여 하신 말씀입니다.

누구든지 마음을 바로 깨칠 것 같으면 거기에 부처도 있고 법도 있고 승도 있고 삼신사지(三身四智)가 원만구족하지만, 만약 마음 밖에 달리 부처를 구하려 한다면 부처는 영원히 성취하지 못하기 때문에 마음이 근본이 된다는 것입니다. 병에도 여러 가지 병이 있는데 병이란 마음에서 나기 때문에 마음을 고치면 병을 고칠 수 있고 몸의 병만 고치려고 해서는 건강한 사람이 될 수 없다는 의학이론이 현재 강력히 대두되고 있으니, 모든 것이 마음의 병에 있다는 것을 이해해야 합니다.

『불명경(佛名經)』의 말씀은 죄와 복이 모두 마음에서 일어났다가 마음에서 없어지니, 어떤 죄와 복을 따지려 하지 말고 마음을 잘 닦을 것 같으면 죄니 복이니 하는 차별은 자연히 해결될 것이기 때문에 마음을 근본으로 삼는다는 것입니다.

그래서 누구든지 공부를 해서 해탈을 얻으려고 하면 근본되는 마음을 닦아야지 공연히 지엽적인 것에 쓸데없는 시간과 노력을 낭비해서는 안 됩니다.

마음이 부처인 줄 알고 마음을 닦는 것이 바른 믿음이며 밖으로 무엇을 구하면 삿된 믿음입니다.

그래서 『선문경(禪門經)』에서는 자기 마음이 부처인 줄 알고 마음을 바로 닦을 것 같으면 눈 깜짝할 사이에 성불할 수 있다는 것이니 이것이 돈오하는 비결이며 해탈하는 방법입니다.

그러므로 마음을 닦는 방법 외에는 팔만대장경을 거꾸로 외우고 옆으로 외워도 소용이 없으니만큼 누구든지 마음을 깨치고 바로 닦아 돈오(頓悟)하여 해탈(解脫)하여야 합니다.

3. 선정(禪定)

"근본(根本)을 닦으려면 어떤 법으로써 닦아야 합니까?"
"오직 좌선하여 선정을 하면 얻을 수 있느니라. 『선문경(禪門經)』에 이르기를, '부처님의 성스러운 지혜인 일체종지(一切種智)를 구하려고 하면 선정(禪定)이 요긴한 것이니 만약 선정이 없으면 망상(妄想)이 시끄럽게 일어나서 그 선근(善根)을 무너뜨린다'고 하였느니라."

問 夫修根本에 以何法修오
答 惟坐禪禪定하면 卽得이니라. 禪門經云 求佛聖智인댄 卽要禪定이니 若無禪定이면 念想이 喧動하야 壞其善根이니라.

○ 우리가 진실로 마음을 잘 닦으려면 마음이 선정(禪定)에 들어 고요하게 하여야 하며 요동치게 해서는 안 됩니다. 번뇌망상이 자꾸 일어날 것 같으면 구름이 해를 가리듯이 진여자성을 번뇌가 가려서, 근본은 어둡지 않지만 진여자성을 보지 못합니다.

그러므로 우리가 공부를 성취하려고 하면 참선(參禪)을 해야 하고, 참선을 하지 않으면 망상이 일어나서 우리의 마음을 밝힐 수 없을 뿐만 아니라 해탈할 수도 없는 것입니다.

"어떤 것을 선(禪)이라 하며 어떤 것을 정(定)이라 합니까?"
"망념(妄念)이 일어나지 않음이 선(禪)이요, 앉아서 본성(本性)을 보는 것이 정(定)이니라. 본성이란 너의 무생심(無生心)이요, 정이란 경계를 대(對)함에 무심(無心)하여 팔풍(八風)에 움직이지 않음이다. 팔풍이란 이로움과 손실[利·衰], 헐뜯음과 높이 기림[毀·譽], 칭찬함과 비웃음[稱·譏], 괴로움과 즐거움[苦·樂]을 말한다. 만약 이와 같이 정(定)을 얻은 사람은 비록 범부(凡夫)라고 하더라도 부처님 지위[佛位]에 들어간다. 왜냐하면 『보살계경(菩薩戒經)』에 이르기를, '중생이 부처님계[佛戒]를 받으면 곧 모든 부처님 지위에 들어간다'고 하셨으니 이와 같이 얻은 사람을 해탈했다고 하며 또 피안에 이르렀다고 한다. 이는 육도(六度)를 뛰어넘고 삼계(三界)를 벗어난 대력보살(大力菩薩)이며 무량력존(無量力尊)이니 대장부(大丈夫)인 것이니라."

問 云何爲禪이며 云何爲定고
答 妄念不生이 爲禪이요 坐見本性이 爲定이니라.
本性者는 是汝無生心이요 定者는 對境無心하야 八風不能動이니 八風者는 利衰毀譽稱譏苦樂이 是名八風이니라.

若得如是定者는 雖是凡夫나 卽入佛位니 何以故오 菩薩戒經云 衆生이 受佛戒하면 卽入諸佛位라 하니 得如是者는 卽名解脫이며 赤名達彼岸이라 超六度越三界하야 大力菩薩이며 無量力尊이니 是大丈夫니라.

○ '망념이 일어나지 않는다'고 하는 것은 흔히 말하는 분별육식(分別六識)뿐만 아니라 제8아뢰야식의 미세망념(微細妄念)까지 일어나지 않는다는 것을 말합니다. 제6식은 끊어졌으나 제8아뢰야식이 남아 있으면 선(禪)이 아닙니다.
미세망념이 모두 끊어지면 망념의 구름이 걷히고 진여자성인 지혜의 해가 드러나서 자기 본성을 보지 않으려야 보지 않을 수 없으니 이것이 곧 돈오(頓悟)이며 해탈이며 성불입니다.
본성(本性)이란 제8아뢰야식의 무기심(無記心)의 무생심(無生心)이 아니고 제8아뢰야식의 무기심의 무명(無明)까지 완전히 끊어진 진여본성이 본래의 구경 무생심입니다. 따라서 이것을 보는 것이 본성을 보는 것이며 불성을 보는 것입니다.
'망상이 일어나지 않는 것'이 무생심이며 본성이므로 표현은 다르다고 하더라도 그 내용은 똑같습니다.
정(定)이란 모든 경계를 대할 때 무심(無心)함을 말하는 것입니다. 일체 망념이 일어나지 않고 진여본성이 드러나서 대무심지(大無心地)가 현전하여 행(行)·주(住)·좌(坐)·와(臥)와 어(語)·묵(默)·동(動)·정(靜)뿐만 아니라, 자나깨나 미래겁이 다하도록 경계에 변함이 없습니다. 그래서 아무리 나를 이롭게 하거나 해롭게 하거나 헐뜯거나 기리거나 칭찬하거나 비웃거나 괴롭거나 즐겁거나 하는 팔풍(八風)이 거세게 불어닥친다 해도 여기에 움직이지 않습니다.

그러므로 누구든지 자기 본성을 바로 깨쳐서 망념이 다 떨어지고 무생법인(無生法忍)을 증득해서 일체처(一切處)에 무심이 되는 것이니, 이런 사람은 설사 겉보기에는 범부(凡夫)같이 보이지만 구경각(究竟覺)을 성취한 부처님의 지위에 들어가는 것입니다. 그리고 여기서 범부라고 하는 것은 꼭 사람만 지적하는 것이 아니라 팔세용녀가 성불하듯이 남자든 여자든 축생이든 무엇이든지 간에 무생법인을 증득하면 모두 부처인 것입니다.

그 이유로서 『보살계경(菩薩戒經)』의 말씀을 인용한 것입니다. 『보살계경』에서 말하는 부처님의 계[佛戒]라고 하는 것은 고기를 먹지 말라, 술을 먹지 말라와 같이 '……하지 말라'는 등의 명상(名相)에 의지해서 계첩을 받거나 말 몇 마디 듣는 것을 말하는 것이 아니라, 진여자성계(眞如自性戒)를 받아서 자성을 바로 깨칠 것 같으면 이것이 부처라는 것입니다.

어떤 사람이든지 마음 닦는 법을 바로 알아서 일체망념을 다 여의고 자성을 바로 깨쳐서 무생법인을 증득하여 일체경계에 무심(無心)이 되면, 아무리 범부라 하더라도 이 사람이 바로 부처인 것이고, 이것을 해탈이라 하고, 피안 즉 구경상적광토(究竟常寂光土)라 하고, '큰 힘을 갖춘 보살[大力菩薩]'이라 하고, '한량없는 힘을 가진 세존[無量力尊]'인 것이니, 이것을 대장부(大丈夫)라고 한다는 것입니다.

논의 앞부분에서 이런 말을 하는 이유는 부처님이 가섭에게 전하고 가섭이 아난에게 전하여 삽삼조사가 계계승승(繼繼承承)하여 마음으로써 마음을 전한 것은 진여본성, 즉 무심(無心)을 전한 것이라는 것을 말하기 위함입니다.

그리고 또 육조스님 이후에 오가칠종(五家七宗)이 벌어져 천하에 선종이 풍미하게 되었지만 실제 선종정맥(禪宗正脈)으로 바로 내려온 큰스님이 모두 해탈하여 무생심(無生心)을 전하였지 다른 것을 전한 것이 아닙니다.

중간의 해오(解悟)라든가 다른 점차(漸次)를 밟아서 본성을 보는 것이 아니라 눈 깜짝할 사이에 본성을 바로 보아 성불하는 것이 선종의 비결인 것입니다.

그러므로 대중들은 이런 법문을 많이 듣고 바로 실천하여 공부를 성취해야지 만약 그렇지 않고 말로만 듣고 귓전으로 흘려보내 버린다면 도리어 듣지 않는 것만 못한 것이니 화두(話頭)를 부지런히 하여 하루빨리 대장부가 됩시다.

4. 무주처(無住處)와 무주심(無住心)

"마음이 어느 곳에 머물러야 바로 머무는 것입니까?"
"머무는 곳이 없는 데 머무는 것이 바로 머무는 것이니라."

問 心住何處卽住오
答 住無住處卽住니라.

○ 머무는 곳이 있을 것 같으면 머무는 것이 아닙니다. 일체 망상이 다 끊어졌으니 어떻게 머물 수 있겠습니까? 허공에다 나무를 심었으면 심었지 일체망상이 다 끊어진 여기에는 부처도 설 수 없고 조사도 설 수 없고 마구니도 설 수 없고 외도도 설 수 없고 일체가 모두 머물지 못합니다. 왜냐하면 여기에 조금이라도 부처를 세울 수 있고 조사를 세울 수 있고 마구니를 세울 수 있고 중생을 세울 수 있다면 이것은 '머무는 곳'이 있게 되므로 전체가 모두 망념이 되어 명상(名相)이 있기 때문입니다.

"어떤 것이 머무는 곳이 없는 것입니까?"

"일체처(一切處)에 머물지 않음이 곧 머무는 곳이 없는 데 머무는 것이니라."

問 云何是無住處오
答 不住一切處가 即是住無住處니라.

○ '일체처에 머물지 않는다'고 하는 것은 일체처에 무심(無心)이라고 하는 말과 같습니다.
마음에 머묾이 있으면 유심(有心)이 되고 맙니다. 무심(無心)이 곧 머물지 않음[無住]이요, 머물지 않음이 곧 무심이니, 앞에서 '무심(無心)'이라고 한 것이나 여기에서 '무주(無住)'라고 한 것이나 표현이 다를 뿐 그 내용은 같습니다. 다만 마음이 조금이라도 머물 것 같으면 머무는 곳이 생겨서 머무는 곳이 없음이 되지 못하는 것이니, 무심이 무주이고 무주가 무심인 줄 알면 여기서 말하는 내용을 잘 알 수 있을 것입니다.

"어떤 것이 일체처(一切處)에 머물지 않은 것입니까?"
"일체처에 머물지 않는다 함은 선악(善惡)·유무(有無)·내외(內外)·중간(中間)에 머물지 않으며, 공(空)에도 머물지 않으며, 공(空) 아님에도 머물지 않으며, 선정(禪定)에도 머물지 않으며, 선정 아님에도 머물지 않음이 일체처(一切處)에 머물지 않음이니, 다만 일체처에 머물지 않는 것이 곧 머무는 곳이니라. 이와 같이 얻은 것을 머묾이 없는 마음[無住心]이라 하는 것이니 무주심(無住心)이 부처님의 마음이니라."

問 云何是不住一切處오
答 不住一切處者는 不住善惡有無內外中間하며 不住空하며 亦不住不空하며 不住定亦不住不定이 卽是不住一切處니 只箇不住一切處卽是住處也라. 得如是者는 卽名無住心也니 無住心者는 是佛心이니라.

○ 변견(邊見)을 떠나서 중도(中道)를 정등각하지 않을 것 같으면 무심을 얻을 수 없고, '머뭄 없음'이 될 수 없으며 구경해탈을 할 수 없습니다.
선악이나 유무나 내외나 중간이나 공과 공 아님이나 선정과 선정 아님이나 모두가 양변이므로 여기에 머물지 않는다는 것입니다.
일체 양변에 머물지 않을 것 같으면 이것이 무주처(無住處)이며 중도며 진여(眞如)입니다. 그래서 머무는 곳이 없다[無住處]는 내용은 실제로 중도(中道)를 말하는 것입니다.
일체 양변에 머물지 않는다는 것이 일체처에 머무르지 않는다는 것이며 이것을 '곧바로 머무는 곳'이라고 말하였는데, 이렇게 표현한 것은 언어의 한계에 부딪쳐 할 수 없이 그렇게 말한 것이지 '머무는 곳'이 있는 '머무는 곳'을 말하는 것이 아닙니다. 여기서 '머무는 곳'이라고 하는 것은 '마땅히 머무는 바 없이 그 마음이 난다[應無所住而生其心]'는 것입니다. '마음이 난다'고 하니까 머무는 곳이 있어서 나는 줄 알면 그 사람은 근본적으로 돈오를 모르는 사람입니다. 그래서 머문다는 것은 머뭄이 없이 머문다는 것이니 진공묘유(眞空妙有)입니다.

결국 이 말을 종합해 보면 앞에서 양변의 전체를 부정하고 뒤에서는 일체처에 머물지 않음이 곧 머무는 것이라고 하여 양변을 긍정하여, 일체가 걸림이 없는 세계가 되어 서로서로 원융자재한 것을 머무는 곳이 없다[無住處]라고 하고 무심(無心)이라고 하는 것입니다.

전체를 이렇게 마음에 잘 이해함을 머묾이 없는 마음[無住心]이라 하고, 또 부처님 마음이라고 한다는 것입니다.

그래서 이 『돈오입도요문론』에서 주장하는 '돈오'의 내용은 '부처님 마음'을 말하는 것이고 '부처님 지위'를 말하는 것이지, 절대로 중간의 '해오'를 말하는 것이 아닙니다.

"그 마음은 어떤 물건과 같습니까?"
"그 마음은 푸른 것도 아니며 누런 것도 아니며, 붉은 것도 아니며 흰 것도 아니며, 긴 것도 아니며 짧은 것도 아니며, 가는 것도 아니며 오는 것도 아니며, 더러운 것도 아니며 깨끗한 것도 아니며, 나는 것도 아니며 없어지는 것도 아니어서 담연하고 항상 고요한 이것이 본래 마음의 형상이며 또 본래 몸이니, 본래의 몸이란 곧 부처님의 몸이니라."

問 其心似何物고
答 其心이 不靑不黃不赤不白하며 不長不短不去不來며 非垢非淨이며 不生不滅하야 湛然常寂이 此是本心形相也

니 亦是本身이라 本身者는 卽佛身也니라.

○ 담연상적(湛然常寂)이란 일체 명상(名相)을 다 떠나고 생멸을 벗어나서 제8아뢰야식 근본무명까지 완전히 끊어진 것을 말합니다.
'나는 것도 아니고 없어지는 것도 아니다[不生不滅]'라는 표현을 불교 진리의 대명사처럼 흔히 쓰는데, 이것은 나는 것[生]과 없어지는 것[滅]의 양변을 떠난 중도를 말하는 것입니다. 이러한 중도를 정등각할 것 같으면 이것이 '돈오'이며 '구경각'이며 '부처님 마음'이며 우리의 '본래의 몸'이며 '부처님의 몸'인 것입니다.
이와 같이 '돈오'의 내용이 '중도를 정등각'하여 일체의 양변에 머물지 않고 '구경각'을 성취한 것을 의미하고 있다는 것임을 분명히 밝히고 있음을 알아야 할 것입니다.

5. 자성견(自性見)

"몸과 마음은 무엇으로써 보는 것입니까, 눈으로 봅니까, 귀로 봅니까, 코로 봅니까, 몸과 마음 등으로 봅니까?"
"보는 것은 여러 가지로 보는 것이 없느니라."

問 身心은 以何爲見고 是眼見 耳見 鼻見 及身心等見가
答 見無如許種見이니라.

○ 여러 가지로 본다는 것은 모두가 다 분별망상으로 하는 말로써, 분별이 끊어진 여기에서는 일체가 적멸하고, 모든 '명상'이 다 떨어진 무심지(無心地)이므로 여러 가지로 보는 것이 없는 것입니다.

"이미 여러 가지로 보는 것이 없을진댄 다시 어떻게 보는 것입니까?"
"이것은 자성(自性)으로 보는 것이다. 왜냐하면 자성이 본래 청정하여 담연히 비고 고요하므로, 비고 고요한 본체[體] 가운데서 이 보는 것[見]이 능히 나느니라."

云 旣無如許種見인댄 復何見고
答 是自性見이니 何以故오 爲自性이 本來淸淨하야 湛然空寂하야 卽於空寂體中에 能生此見이니라.

○ 자성이 본래 청정하여 비고 고요한 본체 가운데 일체가 원만 구족하여 미래겁이 다하도록 쓸려야 다 쓸 수 없는 항사묘용이 나오는 것입니다. 즉 진공묘유에서 보는 것이 생겨난다는 것입니다.

"다만 청정의 본체조차도 오히려 얻을 수 없는데, 이 보는 것은 어디서 나오는 것입니까?"
"비유하면 밝은 거울 가운데 비록 모양이 없으나 일체 모양을 볼 수 있는 것과 같으니 왜냐하면 밝은 거울이 무심이기 때문이다. 배우는 사람이 만약 마음에 물든 바 없어 망심이 나지 않고 주관과 객관에 집착하는 마음이 없어지면 자연히 청정이 되니 청정한 까닭에 능히 이 보는 것이 생겨난다. 『법구경』에서 이르기를, '필경의 공 가운데서 불꽃 일어나듯 건립함이 선지식이다'라고 하였느니라."

問 只如淸淨體도 尙不可得이온대 此見은 從何而有오
答 喩如明鑑中에 雖無像이나 能見一切像이니 何以故오

爲明鑑無心故니라 學人이 若心無所染하야 妄心이 不生하야 我所心이 滅하면 自然淸淨이니 以淸淨故로 能生此見이니라 法句經云 於 畢竟空中에 熾然建立이 是善知識也라 하니라.

○ 청정한 본체에 보는 것이 있다 하면 이것은 청정이 아니며 생멸이 아닌가, 청정한 본체라고 하면 그러한 보는 것이 없어야 하는데 보는 것이 있다고 하니 그 이유가 무엇이냐고 물어보는 것입니다.
여기에 비유하여 이해를 돕는 대답을 한 것입니다.
무심이 아니고 조금이라도 인위적인 조작이 있을 것 같으면 일체 만물을 있는 그대로 비추지 못하고 자기 마음대로 이리저리 변동시키고 마는 것입니다. 우리 자성 가운데는 모든 것이 청정해서 한 물건도 찾아볼 수 없고 아무것도 얻어 볼 수 없지만, 또 청정하기 때문에 일체가 거기에 비추고 거기에서 나는 것입니다. 쌍차(雙遮)가 되면 쌍조(雙照)가 되지 않을 수 없다는 논리와 같은 것입니다.
도를 배우는 사람들이 마음에 물든 바가 없어 무심이 되고 망념이 나지 않아 주관[我]과 객관[所]의 마음이 없어지면, 일체가 다 때[垢]가 없어져서 청정무구한 까닭에 능히 '자성으로 보는 것'이 생겨나는 것입니다. 이것은 진공묘유의 견해로 '보는 것'을 말하는 것이지 생멸견해로 '보는 것'을 말하는 것이 아닙니다.
『법구경』 말씀에 필경공(畢竟空)이란 절대공(絕對空)으로써 전체가 다 공하다는 뜻입니다. 여기서는 부처도 공했고 중생도 공했고 외도도 공했고 마구니도 공하여 아무것도 찾아보려야 찾아볼 수 없지만, 그 가운데 일체만법이 불꽃처럼 건립되어 있다는 것입니다. 우주 전체가 허공 가운데 건립되어 있듯이 청정하여 일체가 설 수 없는 진공(眞空) 가운데서 묘유(妙有)의 항사묘용(恒沙妙用)이 거기서 나옴을 '치연건립(熾然建立)'이라 하고 그것을 선지식(善知識)이라 한다는 것입니다.

즉 앞에서 말한 무생심이나 무심이 아무것도 없는 단멸(斷滅)을 말하는 것이 아니라, 청정한 본체 가운데 항사묘용이 있음을 밝히기 위해 이 단(段)에서 설명한 것입니다.

6. 열반경(涅槃經)의 이구(二句)

"『열반경』「금강신품(金剛身品)」에 이르기를, '볼 수 없되 분명하고 밝게 볼 수 있어 아는 것도 없고 알지 못하는 것도 없다' 하니 무슨 뜻입니까?"

"'볼 수 없다'는 것은 자성의 본체가 모양이 없어서 얻을 수 없는 까닭에 볼 수 없다고 하느니라. 그러나 '얻을 수 없는 것을 보는 것'은 자성의 본체가 공적하고 담연하여 가고 옴이 없으나 세상의 흐름을 여의지 않으니 세상의 흐름이 능히 흐르지도 않아 탄연히 자재(自在)함이 곧 '분명하고 밝게 보는 것'이니라.

'아는 것이 없다'는 것은 자성의 모양이 없어서 본래 분별(分別)이 없음을 이름하여 아는 것이 없다고 하느니라.

'알지 못할 것이 없다'는 것은 분별이 없는 본체 가운데 항사묘용을 갖추어서 능히 일체를 분별하여 알지 못하는 일이 없으니 이를 이름하여 알지 못할 것이 없다고 하느니라.

『반야(般若)의 게송』에 이르기를, '반야(般若)는 아는 것이 없으나 알지 못하는 것이 없으며, 반야는 보지 못하나 보지 못하는 것이 없다'고 하였느니라."

問 涅槃經 金剛身品에 不可見이요 了了見하야 無有知者
며 無不知者라 하니 云何오

答 不可見者는 爲自性體가 無形하야 不可得故로 是名不
可見也니라. 然이나 見不可得者는 體寂湛然하야 無有去來
나 不離世流니 世流不能流하야 坦然自在卽 是了了見也니
라 無有知者는 爲自性이 無形하야 本無分別이 是名無有知
者요 無不知者는 於無分別體中에 具有恒沙之用하야 若能
分別一切하야 卽無事不知하나니 是名無不知者니라. 般若
偈云 般若는 無知나 無事不知며 般若는 無見이나 無事不見
이니라.

○ '볼 수 없다'고 하니 모든 형상을 떠나 청정하여 공공적적뿐인
가 하면 그것이 아닙니다.

거기서는 산을 보면 산 그대로 산이고 물을 보면 물 그대로 물로
써 천차만별이 완연히 다 드러납니다. 드러난다고 하여 조금이라
도 차별적인 견해로 말하는 것이 아니라 차원이 바뀐, 차별을 떠
난 곳에서 하는 말입니다.

옛 조사스님들이 '산과 산, 물과 물이 각각 뚜렷하다[山山水水各
宛然]'는 말을 가지고 산은 산이요 물은 물인 그대로라고 한다면,
누가 보더라도 산은 산이고 물은 물이어서 산이 물이고 물이 산
은 아니므로 깨친 사람이나 깨치지 못한 자기나 다를 바가 없다

고 할는지 모르나 그런 것이 아닙니다.

산과 산 물과 물이 각각 뚜렷하다는 것은 깨끗한 거울 가운데 붉은 것이 있으면 붉은 것이 그대로 비치고, 푸른 것이 있으면 푸른 것이 그대로 비치고, 산을 비추면 산이 그대로 비치고, 물을 비추면 물이 그대로 비치어서 조금도 착오 없이 바로 비치는 것을 말합니다.

이것은 마음 가운데 일체 망념을 떠난 경지에서 하는 말일 뿐, 조금이라도 망념이 남아 있으면 실제로 그 자체를 그대로 비추지 못합니다. 곧 한 번 크게 죽었다가 다시 살아나서[大死却活] 바로 비추는 것을 '분명하고 밝게 본다'고 한 것이니 일체가 원융무애한 무장애법계(無障碍法界)를 나타냅니다.

체(體)에서 볼 때는 '볼 수 없다'고 하는 것이며 용(用)에서 볼 때는 '분명하고 밝게 볼 수 있다'고 하는 것이니, 전자는 정(定)을 말하며 쌍차(雙遮)를 가리킨 것이고 후자는 혜(慧)를 말하며 쌍조(雙照)를 가리킨 것입니다.

자성의 체(體)가 형상이 없고 분별이 없어서 하나도 알 수 없으나, 그 가운데 항하의 모래알 같은 무수한 묘용이 갖추어져 있어 미래겁이 다하도록 사용해도 다 쓸 수가 없습니다. 그리하여 산은 산이요 물은 물이며 붉은 것은 붉고 흰 것은 흰 것인 줄 알아 일체를 분별하여 무슨 일이든지 모르는 것이 없으니 이것이 진공묘유인 것입니다.

일체가 끊어져서 하나도 알 수 없지만 동시에 일체가 거기에 원만히 구족되어 있음을 불교에서는 묘유(妙有) 또는 묘법(妙法)이라 합니다. 이것을 다르게 표현할 수가 없어서 이렇게 말하는데 세상 사람들은 이런 표현을 이해하는 데 어려움이 많은 듯합니다. 없다면 없는 그대로이지 어떻게 하여 없는 것과 있는 것이 통하느냐고 의문을 제기하고 서로 통하지 않는다고 생각합니다. 하지만 변견에 있어서는 있음[有]과 없음[無]이 통할 수 없지만, 쌍차하여 있음과 없음을 완전히 여읜 '중도를 정등각' 하여 쌍조(雙照)를 완전히 이루면 있음과 없음이 완전히 융통자재하게 됩니다. 그렇게 되면 한 물건도 없는 가운데 일체가 구족하고, 일체가 구족하지만 한 물건도 찾아볼 수 없게 되는 것입니다.

이것을 완전히 알아야만 실제로 무심이라든가 무생이라든가 선정이라든가를 바로 알 수 있는 것이지, 이것을 모를 것 같으면 결국 변견에 떨어져서 중도를 영원히 모르고 불법을 꿈에도 못 보는 사람이 되고 맙니다.

7. 불견유무(不見有無)가 진해탈(眞解脫)

"경에 이르기를, '있음[有]과 없음[無]을 보지 않는 것이 참다운 해탈이다'라고 하시니 어떤 것이 있음과 없음을 보지 않는 것입니까?"

"깨끗한 마음을 증득하였을 때를 곧 '있음'이라 하고, 그 가운데서 깨끗한 마음을 얻었다는 생각이 나지 않음이 곧 '있음'을 보지 못한다고 하느니라.

나지도 않고 머물지도 않는다는 생각을 얻고서 나지도 않고 머물지도 않는다는 생각을 짓지 않는 것이 곧 '없음'을 보지 못함이니, 그런 까닭에 '있음과 없음'을 보지 못한다고 하는 것이니라.

『능엄경』에 이르기를, '지견(知見)에 앎[知]을 세우면 무명(無明)의 근본이 되고, 지견에 보는 것이 없으면 이것이 곧 열반이며 또한 해탈이라 한다'고 하였느니라."

問 經云 不見有無卽眞解脫이라 하니 何者是不見有無오
答 證得淨心時에 卽名有요 於中에 不生得淨心想이 卽

名不見有也니라. 得想無生無住하야 不得作無生無住想이 卽是不見無也니 故로 云不見有無也니라. 楞嚴經云 知見에 立知하면 卽無明本이요 知見에 無見하면 斯卽涅槃이라 亦名解脫이니라.

○ 깨끗한 마음[淨心]이란 일체망념의 객진번뇌가 완전히 떨어져 없음을 말하니 곧 자성청정심(自性淸淨心)을 말합니다.
자성청정심을 증득한 '있음'과 자성청정심을 가지고 있다는 생각이 나지 않는 '있음'을 보지 못함과의 관계는 단계적이고 차제적인 관계를 말하는 것이 아니고, 자성청정심을 철저하게 증득할 것 같으면 그 가운데에서 자성청정심을 증득했다는 그 생각도 있을 수 없다는 것을 말하는 것입니다.
자성청정심을 얻은 연후에 얻었다는 생각도 없다는 단계적인 것이 아니라, 청정한 마음을 확실히 증득할 때 이미 청정한 마음을 증득하였다는 그 생각이 있을 수 없다는 것입니다.
자성청정심을 확실히 증득할 것 같으면 여기서는 일체망념이 다 떨어져서 증득했다는 생각도 없으니, 그것을 나지 않는다[無生]고 말하고 머물지 않는다[無住]고 말합니다. 그리고 나지 않음과 머물지 않음을 증득해도 증득했다는 그런 생각까지도 다 떨어진 것을 '있음과 없음을 보지 못한다[不見有無]'고 말씀한 것이니 있음과 없음의 양변을 떠난 이것이 중도(中道)입니다.
『능엄경』 말씀과 같이 철두철미하게 바른 지견을 증득하면 지견을 증득했다는 지견이 서지 못한다는 것이니 이것을 열반이라 하고 해탈이라고 했습니다.

열반에는 유여열반(有餘涅槃)과 무여열반(無餘涅槃)의 두 가지가 있습니다. 유여열반은 멸진정(滅盡定)을 얻은 아라한과를 말하나 아직까지 없다는 견해[無見]를 떠나지 못하였으며, 무여열반은 있다는 견해[有見]와 없다는 견해[無見]를 완전히 떠났으므로 구경각인 묘각(妙覺)을 말합니다.

그러므로 자성청정심을 증득하여 있다는 견해와 없다는 견해를 완전히 여의어 무생심(無生心)과 무주심(無住心)을 성취하되 성취하였다는 생각도 없음이 곧 열반이고 해탈이며 돈오이며 견성이며 성불이라는 것입니다.

8. 무소견(無所見)

"어떤 것이 보는 바가 없는 것입니까?"
"만약 남자나 여자 및 일체 색상을 보되 그 가운데에 사랑함과 미워함[愛憎]을 일으키지 않아 보지 못함과 같은 것이 곧 보는 바가 없는 것이니라."

問 云何是無所見고
答 若見男子女人及一切色像하되 於中에 不起愛憎하야 與不見으로 等이 即是無所見也니라.

○ 누구나 '중도를 정등각'하지 못하면 자연히 모든 생각이 양변에 떨어지게 되어, 무엇을 볼 때 사랑하는 생각이 나지 않으면 미운 생각이 나고 미운 생각이 나지 않으면 사랑하는 생각이 나게 됩니다. 그렇게 하여 그 생각의 굴레를 벗어나지 못하므로 보는 바가 있게 되고 여러 가지 소견이 붙게 되는 것이니, 소견이 붙게 되면 바로 보는 것이 되지 못합니다. 그래서 일체 경계를 대할 때 사랑하고 미워하는 마음이 다 떨어져서 중도의 마음이 나타나면

이것을 보는 바가 없다고 하는 것입니다.

혹 어떤 사람들은 '보지 못함과 같다'고 하는 말을 듣고 붉은 것이든지 푸른 것이든지 검은 것이든지 흰 것이든지 이런 것을 분별할 수 없는 것이 아닌가 하고 생각할 수도 있을 것입니다. 그렇게 생각하는 것은 단견(斷見)입니다.

일체 만상을 분명히 분별하지만 분별한다는 생각이 절대로 없다는 것이니 중생의 경계로는 알 수 없는 일입니다.

중생은 아무리 노력한다 하더라도 결국은 보는 생각이 있고 보는 물건이 있고 상대가 있어서, 사랑하고 미워함이 생기지 않으려야 생기지 않을 수 없으므로, 자기도 모르는 가운데 변견에 떨어지지 않을 수 없습니다. 그렇지만 자성청정심을 증득하여 일체 망념이 다 없어지면 중도의 정견이 나타나는 것이니, 모든 것을 분명히 보지만 실제로 보지 못하는 것과 마찬가지로 거기에 조금도 마음의 동요나 분별이 없습니다.

이렇게 되어야만 참으로 무생법인(無生法忍)이며 머묾이 없는 마음[無住心]을 증한 것이지, 그렇지 않고 다만 조금이라도 분별이 따라가게 되면 머묾이 없는 마음이 아니고 진여심(眞如心)이 아니며 진여대용(眞如大用)이 아닙니다. 그것은 업식망상(業識妄想)일 따름이니 열반이 될 수 없고 해탈이 될 수 없는 것입니다.

"일체 색상을 대할 때는 곧 본다고 하니, 일체 색상을 대하지 않을 때도 또한 본다고 할 수 있겠습니까?"

"보느니라."

問 對一切色像時 卽名爲見이니 不對色像時도 亦名見 否아
答 見이니라.

○ 일반적으로 무엇을 볼 때는 분명히 본다 하고 보지 않을 때는 안 본다고 하는데, 그러면 볼 때나 안 볼 때나 모두 '본다'라고 할 수 있느냐는 물음에 본다고 답을 하니 모순같이 들릴지 모르나, '본다'는 것 자체의 자성은 보거나 안 보거나 하는 것과는 관계가 없습니다.
본다거나 안 본다거나 하는 것은 변견이지만 여기서 말하는 '본다'라고 하는 것은 중도정견을 말함이니, 보고 안 보고 하는 것과는 관계없이 보지 않을 때도 분명히 보고 있고 볼 때도 분명히 보지 않으니, 보는 것과 보지 않음이 둘이 아닌 동시에 서로 무애자재합니다. 이것을 '본다'고 하기 때문에 보지 않을 때도 보는 것이 되고 볼 때도 보지 않는 것이 되는 것입니다.

"물건을 대할 때는 설령 보는 것이 있다고 하더라도 물건을 대하지 않을 때는 어떻게 해서 보는 것이 있습니까?"
"지금 내가 본다고 하는 것은 물건을 대하거나 물건을 대하지 않거나를 논(論)하지 않는다. 왜냐하면 본다고 하는 그 성품은 영원한 까닭에 물건이 있을 때도 보고 물건이 없을 때도 또한 보는 것이다. 그런 까닭에 물건에는 본래 스스로 가고 옴[去來]이 있으나 본다는 성품에는 가고 옴이 없음을 알지니,

다른 모든 감각기관도 또한 이와 같느니라."

問 對物時엔 從有見이나 不對物時엔 云何有見고
答 今言見者는 不論對物與不對物이니 何以故오 爲見性이 常故로 有物之時도 卽見이며 無物之時도 亦見也니라 故知物은 自有去來나 見性은 無來去也니 諸根도 亦爾니라.

○ '본다'는 그 자성은 간단(間斷)이 없고 생멸(生滅)이 없습니다. 말하자면 생멸의 상(常)과 무상(無常)을 떠난 중도의 상(常)이므로 상주불멸(常住不滅)입니다. 따라서 '본다'는 그 자성은 변견이 아니고 중도이므로 물건을 볼 때도 보지 않을 때도 항상 '보는' 것이니, 거기에는 물건이 있다거나 없다거나 하는 것이 서지 못하는 동시에 또한 있음과 없음이 서로 융통자재합니다.

물건에는 가고 오는 생멸이 있지만 '보는' 성품은 가고 옴이 없으니 생멸이 없는 중도입니다. 그것은 '보는' 성품만 그런 것이 아니라 안(眼)·이(耳)·비(鼻)·설(舌)·신(身)·의(意) 등의 육근(六根) 전체가 모두 그 자성에는 가고 옴이 없어서 생멸을 여읜 중도라는 것입니다. 즉 육근의 모든 활동이 진여대용이며 망상을 근본으로 삼는 생멸의 활동이 없다는 것입니다.

이것은 대주스님 자신이 직접 진여본성을 깨쳐서 중도를 체득한 체험을 말씀하신 것이니 중도를 정등각하기 전에는 실천이 못 되는 것입니다.

"바로 물건을 볼 때에 보는 가운데 물건이 있습니까?"
"보는 가운데 물건이 서지 못하느니라."

問 正見物時 見中에 有物否아
答 見中에 不立物이니라.

○ 여기서 '본다'는 것은 자성청정심이 보는 것으로써 한 물건이라도 자성청정심을 가릴 것 같으면 물건이 서게 되는 것입니다. 또한 '본다'는 것은 진여대용이 되어서 일체가 끊어진 것을 말함이니 부처도 설 수 없고 조사도 설 수 없는 동시에 한 물건도 설 수 없다는 그 생각까지도 설 수 없는 것임을 대주스님이 말씀하신 것입니다.

"바로 물건이 없음을 볼 때, 보는 가운데 물건 없음이 있습니까?"
"보는 가운데는 물건 없는 것도 서지 못하느니라."

問 正見無物時 見中에 有無物否아
答 見中에 不立無物이니라.

○ 앞에서는 물건을 볼 때에 물건이 있느냐는 것이고, 지금은 물건을 보지 않는데 보지 않을 때는 보지 않은 그런 물건이 있지 않겠느냐는 것으로써, 이것도 망견이지 중도의 바른 견해는 아닙

니다.
우리가 '바로 보는 것'을 성취하면 물건이 있는 것도 서지 못하고 물건이 없는 것도 서지 못하여 있음과 없음을 여의니 그것이 중도의 바른 견해입니다.

"소리가 있을 때는 곧 들을 수 있거니와 소리가 없을 때에도 들을 수 있습니까?"
"역시 듣느니라."
"소리가 있을 때엔 설령 들을 수 있다고 하지만 소리가 없을 때는 어떻게 듣습니까?"
"지금 '듣는다'고 하는 것은 소리가 있거나 없거나를 논(論)하지 않는다. 왜냐하면 '듣는다'는 자성은 영원한 까닭에 소리가 있을 때도 듣고 소리가 없을 때도 또한 듣느니라."

問 有聲時卽有聞이어니와 無聲時에도 還得聞否아
答 亦聞이니라.
問 有聲時엔 從有聞이어니와 無聲時에 云何得聞고
答 今言聞者는 不論有聲無聲이니 何以故오 爲聞性이 常故로 有聲時卽聞이며 無聲時亦聞이니라.

○ 여기서 '듣는다'고 하는 것은 앞에서의 '본다'는 것과 같이 중도의 자성을 말한 것입니다. 듣는 가운데 들음이 없고 듣지 않는 가운데 들음이 있으니 '들음'과 '듣지 않음'이 융통자재하여 단견

(斷見)과 상견(常見)을 여읜 상주불멸하는 진여대용을 말하는 것입니다.

"이렇게 듣는 자는 누구입니까?"
"이는 자기의 성품이 듣는 것이며 또한 아는 이가 듣는다고 하느니라."

問 如是聞者是誰오
答 是自性聞이며 亦名知者聞이니라.

○ 이것은 진여자성이 듣는 것이고 '아는 사람' 즉 일체종지를 성취한 사람, 중도를 정등각한 사람, 바른 지견이 개척된 사람이 듣는 것입니다.
여기서는 '보는 것'과 '듣는 것'을 갖고 말씀하셨는데 그것뿐만 아니라 육근의 일체 작용이 진여대용입니다. 진여대용에 있어서는 생멸변견이 서려야 설 수 없으며, 여기서는 시간적으로나 공간적으로나 어떠한 제재도 받지 않은 동시에 어느 곳 어느 때에 있어서도 융통자재합니다.

9. 돈오문(頓悟門)의
종지(宗旨)와 체용(體用)

1) 종지(宗旨)와 체용(體用)

"이 돈오문(頓悟門)은 무엇으로 종취(宗趣)를 삼고 무엇으로 참 뜻[旨]을 삼고 무엇으로 본체를 삼으며 무엇으로 활용[用]을 삼는 것입니까?"

"무념을 종취로 삼고 망심이 일어나지 않음을 참 뜻으로 삼으며 청정을 본체로 삼고 지혜로 활용을 삼느니라."

問 此頓悟門은 以何爲宗이며 以何爲旨며 以何爲體며 以何爲用고

答 無念으로 爲宗이요 妄心不起로 爲旨며 以淸淨爲體요 以智爲用이니라.

○ 일체 망념이 다 떨어져서 떨어졌다는 그 생각까지도 떨어진 것이 무념(無念)입니다. 다시 말하면 생멸심의 분별망념만 떨어진 것이 아니라 생멸이 아닌 제8아뢰야식의 미세망념까지 완전히 떨

어진 것을 말합니다.

또 망심이 일어나지 않는다는 것도 제8아뢰야식의 미세망념까지 일어나지 않는 것을 말하니 무념과 그 내용이 똑같습니다.

일체 망념이 다 떨어져서 무념이 되면 자연히 청정하지 않으려야 않을 수 없으므로 청정을 본체로 삼는다는 것이 되니 표현은 달라도 내용은 모두 같은 것입니다.

지혜를 활용으로 한다는 것은 자성이 청정해서 일체가 모두 서지 못하면 아무것도 없는 단멸뿐인 것 같지만 그런 것이 아니라 여기에서 일체만법의 항사묘용이 나오는 것을 말하는 것입니다.

청정은 정(定)으로써 쌍차(雙遮)를 말하고 지혜는 혜(慧)로써 쌍조(雙照)를 말함이니, 본체와 활용이 원융무애하여 차조동시(遮照同時)하니 이것을 중도라 하고 돈오라 하고 무념이라 하고 망심이 일어나지 않는다고 하는 것입니다.

선종 정통에서 주장하는 돈오라는 것은 철두철미하게 제8아뢰야 근본무명까지 완전히 끊어진 무념무심을 말하는 것이지 객진번뇌(客塵煩惱)가 여전무수(如前無殊)한 해오(解悟)를 돈오라고 하지 않습니다. 대주스님만 그렇게 주장하는 것이 아니라 모든 선종 정맥의 조사들이 구경무심(究竟無心)을 깨친 구경각을 돈오라고 하였지 중간의 해오를 돈오라고 하지 않았습니다. 만약 해오를 돈오라고 주장하는 사람이 있다면 선종의 정통 사상을 모르는 사람입니다.

"이미 무념으로 종취를 삼는다고 말씀할진댄 무념이란 어떤 생각이 없는 것입니까?"

"무념이란 삿된 생각이 없음이요 바른 생각이 없다는 것이 아니니라."

"어떤 것이 삿된 생각이며 어떤 것이 바른 생각입니까?"

"있음[有]을 생각하고 없음[無]을 생각하는 것이 삿된 생각이요, 있음과 없음을 생각하지 않는 것이 바른 생각이니라.

선(善)을 생각하고 악(惡)을 생각함이 삿된 생각이며 선과 악을 생각하지 않는 것이 바른 생각이니라.

괴로움[苦]과 즐거움[樂], 나는 것[生]과 없어짐[滅], 취함[取]과 버림[捨], 원망[怨]과 친함[親], 미워함[憎]과 사랑함[愛]을 생각하는 것이 모두 삿된 생각이요, 괴로움과 즐거움 등을 생각하지 않는 것이 바른 생각이니라."

問 旣言無念爲宗인댄 未審커라 無念者는 無何念고
答 無念者는 無邪念이요 非無正念이니라.
問 云何爲邪念이며 云何名正念고
答 念有念無 卽名邪念이요 不念有無 卽名正念이며 念善念惡이 名爲邪念이요 不念善惡이 名爲正念이니 乃至苦樂生滅取捨怨親憎愛가 並名邪念이요 不念苦樂等이 卽名正念이니라.

○ 있음과 없음을 생각하지 않음이 중도인 만큼 중도가 바른 생각이라는 것을 자세히 설명한 것입니다.

"어떤 것이 바른 생각입니까?"
"바른 생각이란 오직 보리(菩提)만을 생각하는 것이니라."

問 云何是正念고
答 正念者는 唯念菩提니라.

○ 보리(菩提)란 자성청정심을 말하며 망념으로 생각하는 것이 아니라 진여대용으로 생각하는 것입니다.

"보리는 얻을 수 있습니까?"
"보리는 얻을 수 없느니라."
"이미 얻을 수 없을진댄 어떻게 오직 보리만 생각합니까?"
"보리는 다만 거짓으로 이름을 세운 것이라 실제로 얻을 수 없으며, 또한 과거에도 미래에도 얻을 수 없으니 얻을 수 없는 까닭에 곧 생각 있음이 없느니라. 오직 이 무념을 진실한 생각이라 하는 것이니 보리는 생각할 바가 없는 것이니라.
생각하는 바가 없다는 것은 곧 일체처에 무심함이 생각하는 바가 없음이니, 다만 위에서 말한 여러 가지 무념이란 모두가 일에 따라 방편으로 거짓 이름을 세운 것인지라 모두가 하나의 본체로써 같음이요 둘도 없고 다름도 없는 것이니라.
다만 일체처에 무심함을 알면 곧 이것이 무념이니 무념을 얻을 때에 자연해탈이니라."

問 菩提는 可得否아

答 菩提는 不可得이니라.

問 旣不可得인댄 云何唯念菩提오

答 只如菩提는 假立名字라 實不可得이며 亦無前後得者니 爲不可得故로 卽無有念이라 只箇無念이 是名眞念이니 菩提는 無所念일세니라. 無所念者는 卽一切處無心이 是無所念이니 只如上說 如許種無念者는 皆是隨事方便으로 假立名字니 皆同一體요 無二無別이니라. 但知一切處에 無心하면 卽是無念也니 得無念時에 自然解脫이니라.

"어떻게 해야 부처님의 행을 행할 수 있습니까?"

"일체 행동을 하지 않는 것이 부처님 행동이라 하며 또 바른 행동이라 하며 또 성스러운 행동이라 함이니, 앞에서 말한 바와 같이 있음과 없음 미워함과 사랑함 등을 행하지 않는 것이니라. 『대율(大律)』5권 「보살품」에서 이르기를, '일체 성인들은 중생의 행동을 행하지 않고 중생들은 이와 같은 성인의 행동을 행하지 않는다'고 하였다."

問 云何行佛行고

答 不行一切行이 卽名佛行이며 亦名正行이며 亦名聖行이니 如前所說 不行有無憎愛等이 是也라. 大律卷五 菩薩品云 一切聖人은 不行於衆生行이오 衆生은 不行如是聖行이니라.

○ 일체 행동을 행하지 않는다는 것은 일체 생멸적인 행동을 행하지 않는다는 것이니 일체 변견을 다 버리는 것을 말합니다.
있고 없음과 미워하고 사랑함에 머물러 있는 것이 중생이고 그것을 떠난 것이 성인이며, 변견을 행함이 중생의 행동이고 중도를 행함이 성인의 행동입니다.

"어떤 것이 바로 보는 것입니까?"
"보는 바 없음을 보는 것이 바로 보는 것이니라."
"어떤 것이 보는 바 없음을 보는 것이라 합니까?"
"일체 색(色)을 볼 때에 물들거나 집착함을 일으키지 않음이니, 물들거나 집착하지 않는다 함은 사랑하고 미워하는 마음을 일으키지 않는 것이므로 곧 보는 바 없음을 본다고 하는 것이니라.
만약 보는 바 없음을 보는 것을 얻었을 때 곧 부처님의 눈이라 하나니 다시 별다른 눈이란 없느니라.
만약 일체 색을 볼 때에 사랑하고 미워하는 마음을 일으키게 되면 보는 바가 있다고 하는 것이니, 보는 바가 있음이 곧 중생의 눈이라 다시 별다른 눈을 가지고 중생의 눈이라 할 것이 없으니, 내지 다른 오근(五根)도 또한 이와 같으니라."

問 云何是正見고
答 見無所見이 卽名正見이니라.
問 云何名見無所見고

答 見一切色時에 不起染著이니 不染著者는 不起愛憎心일새 卽名見無所見也니라. 若得見無所見時엔 卽名佛眼이니 更無別眼이니라. 若見一切色時에 起愛憎者는 卽名有所見이니 有所見者는 卽是衆生眼이라 更無別眼作衆生眼이니 乃至 諸根도 亦復如是니라.

○ 참으로 자성을 바로 깨친 사람은 밝은 거울이 모든 물건을 비출 때 푸르고 누렇고 붉고 흰 것을 분명히 비추듯이 그렇게 사물을 대합니다. 그리고 비추기는 비추되 비춘다는 생각이 없어서 사랑하는 생각, 미워하는 생각 등 모든 생각이 다 떨어진 것이니 이것을 '보는 바 없다'고 합니다. '보는 바 없다'고 하여 눈감은 봉사가 앞이 캄캄하여 아무것도 보지 못하는 것을 말하는 것이 아니라, 아무리 물건을 천차만별로 분별하더라도 거기에 조금도 마음의 동요가 없어서 일체처에 무심이 됨을 말하는 것입니다.
사랑하고 미워하는 생각을 가지고 보면 그것은 생멸변견인 중생의 눈이며, 그런 생각을 떠나서 보면 그것이 중도정견의 부처님 눈입니다.

2) 이성공(二性空)

"이미 지혜로써 활용을 삼는다고 말씀하셨는데 어떤 것이 지혜입니까?"

"두 가지 성품이 공(空)한 줄 아는 것이 곧 해탈이며 두 가지 성품이 공하지 않은 줄 알면 해탈을 얻지 못하나니 이것을 지혜라 하며 또 삿됨과 바름을 안다 하며 또 본체와 활용을 안다고 하느니라.

두 가지 성품이 공한 것이 본체이고 두 가지 성품이 공한 것을 아는 것이 해탈이니, 다시 의심하지 않음을 곧 활용이라고 하느니라.

두 가지 성품이 공했다고 하는 것은 있음과 없음, 선과 악, 사랑함과 미워함이 나지 않은 것을 이름하여 두 가지 성품이 공하다고 하느니라."

問 旣言以智爲用者인댄 云何爲智오
答 知二性空이 卽是解脫이오 知二性不空하면 不得解脫이니 是名爲智며 亦名了邪正이며 亦名識體用이니라. 二性空이 卽是體라 知二性空이 卽是解脫이니 更不生疑하면 卽名爲用이니라. 言二性空者는 不生有無 善惡愛憎 名二性空이니라.

○ '두 가지 성품이 공하다' 함은 두 가지에 치우침[兩邊]을 떠나서 두 가지를 함께 부정함[雙遮]을 말하는 것이니 곧 중도를 정등각함을 뜻하는 것입니다.
본체는 정(定)으로써 쌍차(雙遮)이며 활용은 혜(慧)로써 쌍조(雙照)입니다. 이 둘을 함께 거두어 쌍차쌍조(雙遮雙照)라 하기도 하고 정(定)과 혜(慧)라 하기도 하며 지(止)와 관(觀)이라 하기도 하고 체(體)와 용(用)이라 하기도 하는 것이니, 표현은 다르지만 전체가 두 가지 치우침을 떠나서 두 가지 성품이 공한 중도를 말하고 있습니다.

두 가지 성품이 공하면 일체의 치우친 견해[邊見]가 떨어지지 않으려야 떨어지지 않을 수 없으며 견성하지 않으려야 견성하지 않을 수 없으니 이것이 곧 돈오(頓悟)입니다.

10. 돈오(頓悟)는 단바라밀(檀波羅蜜)로부터

"이 돈오의 문은 어디로부터 들어갑니까?"
"단바라밀(檀波羅蜜)로부터 들어가느니라."

問 此門은 從何而入고
答 從檀波羅蜜入이니라.

"부처님께서는 육바라밀이 보살의 행(行)이라고 말씀하셨는데 어떤 까닭으로 단바라밀 하나만을 말씀하시며, 어떻게 구족하여야 들어갈 수 있겠습니까?"
"미혹한 사람은 다섯 바라밀이 모두 단바라밀에서 말미암은 줄 알지 못함이니 오직 단바라밀을 수행하면 곧 육바라밀은 모두 구족한 것이니라."

問 佛說六波羅蜜이 是菩薩行이어늘 何故로 獨說檀波羅蜜이며 云何具足而得入也오
答 迷人은 不解五度皆因檀度生이니 但修檀度하면 卽六

度悉皆具足이니라.

"어떤 인연으로 단바라밀이라고 합니까?"
"단(檀)이란 보시(布施)를 말하느니라."

問 何因緣故로 名爲檀度오
答 檀者는 名爲布施니라.

"어떤 물건을 보시하는 것입니까?"
"보시는 두 가지 성품을 버리는 것이니라."

問 布施何物고
答 布施却二性이니라.

"어떤 것이 두 가지 성품입니까?"
"선(善)과 악(惡)의 성품을 버리는 것이며, 있음[有]과 없음[無]의 성품, 사랑함[愛]과 미워함[憎]의 성품, 공(空)과 공 아님[不空]의 성품, 정(定)과 정 아님[不定]의 성품, 깨끗함[淨]과 깨끗하지 않음[不淨]의 성품을 버려서 일체 모든 것을 전부 보시하면 두 가지 성품이 공함을 얻느니라.
 만약 두 가지 성품이 공함을 얻을 때에 또한 두 가지 성품이 공하다는 생각을 짓지 않으며, 또 보시한다는 생각도 짓지 않음이 곧 진실로 보시바라밀을 실행하는 것이니 만 가지 인연이 함께 끊어진다고 하느니라. 만 가지 인연이 함께 끊어진다 함은 곧 일체법의 성품이 공하다는 것이니 법의 성품이 공하다 함은 곧 일체처에 무심함이니라.

만약 일체처에 무심함을 얻었을 때에는 한 모양[一相]도 얻을 수 없으니, 왜냐하면 자성이 공한 까닭에 한 모양도 얻을 수 없느니라.

한 모양도 얻을 수 없다 함은 곧 진여의 실상이니 진여의 실상이란 여래의 묘한 색신의 모양이니라.

『금강경』에 이르기를, '일체의 모든 모양을 떠나는 것이 곧 모든 부처님이라 한다'고 하였느니라."

問 云何是二性고

答 布施却善惡性하며 布施却有無性과 愛憎性과 空不空性과 定不定性과 淨不淨性하야 一切를 悉皆施却하면 即得二性空이니라 若得二性空時에 亦不得作二性空想이며 亦不得作念有施想이 即是眞行檀波羅蜜이니 名萬緣이 俱絕이니라 萬緣이 俱絕者는 即一切法性空이 是也니 法性空者는 即一切處無心이 是니라. 若得一切處無心時에 即無有一相可得이니 何以故오 爲自性이 空故로 無一相可得이니라 無一相可得者는 即是實相이니 實相者는 即是如來妙色身相也라 金剛經云 離一切諸相이 則名諸佛이라 하니라.

○ 일체를 모두 보시한다는 것은 일체의 변견을 버려서 두 가지

성품이 공함을 안다는 것이니 곧 '중도를 정등각'한다는 것과 같은 말입니다. 결국 자성청정이 보시입니다.

모든 것을 다 보시하니 일체가 다 떨어져서 만 가지 인연이 끊어지고 일체가 서려야 설 수 없어서 적나라적쇄쇄한 자성청정심 진여뿐입니다. 여기에 일체 만법이 모두 건립되어서 항사묘용이 원만구족합니다. 그래서 진공(眞空)편에서 볼 때는 만 가지 인연이 함께 끊어짐이며 묘유(妙有)편에서 볼 때는 묘용이 함께 갖추어 있는 것입니다.

『금강경』말씀에 일체의 모든 모양을 떠난다 함은 쌍차(雙遮)를 말하며 모든 부처님이라 함은 쌍조(雙照)를 말하는 것입니다.

"부처님은 육바라밀을 말씀하셨는데 지금 어떻게 하나를 말하여 능히 구족할 수 있다고 말씀하십니까? 바라건대 하나가 여섯 가지 법을 구족하는 이유를 말씀해 주십시오."

"『사익경(思益經)』에 이르기를, '망명존이 범천에게 말하되 만약 보살이 일체의 번뇌를 버리면 단바라밀이라고 하니 곧 보시요, 모든 법에 대해서 일어나는 바가 없음이 시라바라밀이라고 하니 곧 지계요, 모든 법에 대하여 손상하는 바가 없음이 찬제바라밀이니 곧 인욕이요, 모든 법에 대해서 모양을 떠남이 비리야바라밀이라고 하니 곧 정진이요, 모든 법에 대해서 머무는 바가 없음이 선바라밀이니 곧 선정이요, 모든 법에 대해서 희론(戱論)이 없음이 반야바라밀이니 곧 지혜니라. 이것을 이름하여 여섯 가지 법이라 한다' 하였느니라.

지금 다시 여섯 가지 법에 이름을 붙이면 첫째는 버림과 둘째는 일어나지 않음과 셋째는 손상하지 않음과 넷째는 모양을 떠남과 다섯째는 머물지 않음과 여섯째는 희론이 없음과 다르지 않느니라.

이와 같은 여섯 가지 법은 일에 따라 방편으로 거짓 이름을 세움이요, 묘한 이치에 이르러서는 둘도 없고 다름도 없느니라. 다만 하나를 버릴 줄 알면 곧 일체를 버림이요, 하나가 일어나지 않으면 일체가 일어나지 않거늘 미혹한 사람은 알지 못하고 차이가 있다고 모두 말한다. 어리석은 사람은 여섯 가지 법의 숫자에 머물러서 오래도록 생사에 윤회하는 것이니라.

너희들 도를 배우는 사람들에게 말하노니 '다만 보시의 법만을 닦으면 만법이 두루 원만해지거늘 하물며 다섯 가지 법이 어찌 구족하지 않겠는가'라고."

問 佛說六波羅蜜이어늘 今云何說一하야 卽能具足고. 願說一具六法之因하라.

答 思益經에 云 網明尊이 謂梵天言하되 若菩薩이 捨一切煩惱하면 名檀波羅蜜이니 卽是布施요 於諸法에 無所起가 名尸羅波羅蜜이니 卽是持戒요 於諸法에 無所傷이 名羼提波羅蜜이니 卽是忍辱이요 於諸法離相이 名毘離耶波羅蜜이니 卽是精進이요 於諸法無所住가 名禪波羅蜜이니 卽是禪定이요 於諸法無戲論이 名般若波羅蜜이니 卽是智

慧라 是名六法이니라 今更名六法하면 不異一捨 二無起 三無傷 四離相 五無住 六無戲論이니라. 如是六法은 隨事方便으로 假立名字요 至於妙理하야는 無二無別이니 但知一捨하면 卽一切捨요 無起卽一切無起어늘 迷途不契하야 悉謂有差니라 愚者는 滯其法數之中하야 卽長輪生死로다 告汝學人하노니 但修檀之法하면 卽萬法이 周圓이온 況於五法 豈不具耶아

○ 유(有)와 무(無), 선(善)과 악(惡), 고(苦)와 낙(樂) 등 일체 변견을 모두 버릴 것 같으면 일체 번뇌를 모두 버린 것이니 이것이 단바라밀 즉 보시입니다. 일체를 보시하면 일체 만법이 조금도 움직이지 않아 일체처에 무심·무념이 되나니 이것을 계행이 청정하다고 합니다. '중도를 정등각'해서 자성청정심을 완전히 깨치기 전에는 참된 지계가 아니며 모두가 파계(破戒)입니다. 살생을 한다는 것도 짐승이나 사람의 목숨을 끊는 것만을 말하는 것이 아니고, 제8아뢰야식의 미세망념의 업장이 홀연히 일어날 때 벌써 일체 계행을 부수는 것이니 이것이 근본 파계입니다.

그러므로 지계라고 하는 것은 근본 무명업상이 완전히 끊어져서 자성청정심을 증할 때, 즉 일체 번뇌를 모두 보시하여 '중도를 정등각'할 때 비로소 지계라고 할 수 있는 것입니다. 그렇게 되면 일체 만법에 손상이 있을 수가 없고 전체가 진여대용이 되어 모든 것에 증감이 없고 손익이 없게 되는 것이니 이것을 인욕바라밀이라 합니다.

일체를 보시하면 일체 만상을 떠나지 않으려야 않을 수 없으니 이것을 정진이라 하며, 일체를 보시하면 양변을 버려서 상대가 없으니 머물려야 머물 곳이 없음을 선정이라 하며, 일체를 보시하면 무명이 근원적으로 모두 끊어지고 모든 희론이 함께 떨어져서 구경각을 성취하는 때이니 지혜가 현전하는 것입니다.

이것이 여섯 가지 법인데 모두가 무엇을 근본으로 삼느냐 하면 양변을 버려서 자성청정심을 깨친 것, 즉 '중도를 정등각'하는 것을 근본으로 삼고 있습니다. 그러므로 '중도를 정등각'함을 내놓고는 육바라밀이 성립되지 않습니다. 그래서 한 가지 법이 여섯 가지 법이요 여섯 가지 법이 한 가지 법이 됩니다. 왜냐하면 여섯 가지 법 모두가 각각 중도에 서 있기 때문에 서로서로 융통무애하며, 여섯 가지 법 모두가 중도 정각을 내용으로 한 진여대용이어서 전체가 모두 통해 있고 각각 따로 법이 서 있는 것이 아니기 때문입니다.

결국 보시라고 하는 것은 양변을 여읜 중도를 말함인데 양변을 여읜 중도라는 것은 일체 만법이 모두 원만구족하여 있으므로 다시 여섯 가지 법이니 몇 가지 법이니 하고 구별하여 말할 필요가 없다는 뜻입니다.

그래서 누구든지 참으로 이 돈오문을 성취하려면 일체를 보시하여 양변을 버리고 중도를 행해야 하는 것입니다. 그렇지만 범부중생은 모두 변견에 묶여 머물러 있으므로 이 중도행을 어떻게 실행할 수 있느냐가 문제입니다. 그 방법으로 화두를 부지런히 해서 오매일여의 경지에서도 화두를 버리지 않고 확철히 깨쳐야 하는 것입니다. 확철히 깨치면 실제로 모든 것을 보시하지 않으려야 않을 수 없습니다. 일체 망념과 일체 사견을 모두 보시하여 양변을 여의면 두 가지 성품이 공한 중도를 깨쳐서 일체가 원만구족하게 됩니다. 그러므로 우리는 어떻게 해서든지 말로만 따라가지 말고 부지런히 화두공부를 해서 바로 깨쳐야 합니다.
밥 얘기를 천날 만날 한들 무슨 소용이 있겠습니까?

11. 삼학(三學)을 함께 쓰다

"삼학을 함께 쓴다 하니 어떤 것이 삼학이며 어떤 것이 함께 쓰는 것입니까?"
"삼학이란 계·정·혜이니라."

問 三學等用이라 하니 何者是三學이며 云何是等用고
答 三學者는 戒定慧是也니라.

"어떤 것을 계·정·혜라 합니까?"
"청정하여 물들지 않음이 계요, 마음이 움직이지 않음을 알아 경계를 대하여 고요함이 정이요, 마음이 움직이지 않음을 알 때에 움직이지 않는다는 생각도 나지 않으며 마음이 청정함을 알 때에 청정하다는 생각도 나지 않아 내지 선·악을 모두 능히 분별하되 그 가운데에 물들지 않아 자재를 얻음을 혜라고 하느니라. 만약 계·정·혜의 본체가 모두 얻을 수 없는 것임을 알 때에 곧 분별함이 없어서 곧 동일의 본체이니 이것이 삼학을 함께 쓴다고 하는 것이니라."

問 云何是戒定慧오

答 淸淨無染이 是戒요 知心不動하야 對境寂然이 是定이요 知心不動時에 不生不動想하며 知心淸淨時에 不生淸淨想하야 乃至善惡을 皆能分別하되 於中에 無染하야 得自在者是名爲慧也니라 若知戒定慧體俱不可得時에 卽無分別者하야 卽同一體니 是名三學等用이니라.

○ 계(戒)가 곧 정(定)이며 정(定)이 곧 혜(慧)로써, 삼학을 함께 쓰면 생사에 해탈하여 열반로(涅槃路)에서 영원토록 자유자재할 것이니 이것을 중도정각이라 하고 견성이라 하며 돈오라 한다는 것입니다.

12. 무생심(無生心)

"만약 마음이 청정함에 머물 때에는 청정함에 집착하는 것이 아닙니까?"
"청정함에 머뭄을 얻었을 때에 청정함에 머물러 있다는 생각을 짓지 않는 것이 청정함에 집착하지 않는 것이니라."

問 若心住淨時에 不是着淨否아
答 得住淨時에 不作住淨想이 是不着淨이니라.

○ 이 물음은 일체 망상을 모두 쉬고 자성청정심, 즉 진여자성을 확철히 깨친 뒤의 일을 말하는 것입니다. 누구든지 진여자성인 자성청정심을 완전히 깨쳐서 체득한 다음에 그 자성청정심에 집착하는 일이 없는가 하는 뜻입니다.
그리고 여기서 '머문다'고 해서 머무는 곳이 있다고 생각하여 거기서 앉고 서고 하는 것으로 알면 이것은 청정함에 집착하는 것이 되고 맙니다. 청정함을 확철히 알게 되면 거기에서 모든 것을 수용한다 하여도 청정한 생각도 없고 머물려야 머물 수 없는 무주심(無住心)을 성취한 때문입니다.

"마음이 공에 머물 때에는 공에 집착한 것이 아닙니까?"
"만약 공하다는 생각을 짓는다면 곧 공에 집착한 것이니라."

問 心住空時에 不是着空否아
答 若作空想하면 卽名着空이니라.

○ 공을 완전히 깨치면 공에 집착하는 것이 아니냐는 것입니다. 공(空)과 청정함[淨]이라고 하는 것은 표현은 다르지만 똑같은 말입니다. 청정함을 확철히 알려면 일체가 모두 공한 것을 알아야 합니다. 제8아뢰야 근본무명까지 완전히 공한 구경각을 성취해서 진공이 되지 않을 것 같으면 절대로 청정을 알 수 없는 것이며, 청정을 확실히 알면 진공이 안 되려야 안 될 수 없습니다. 그래서 참으로 청정을 알 때가 곧 진공인 것이니, 진공이 되면 공에도 집착하지 않고 청정에도 집착하지 않으며 거기에 머물지도 않는다는 것입니다.

이것은 중생이 망상분별의 업이 많기 때문에 어떤 때는 청정이라 하고 어떤 때는 공이라고 하여 여러 가지 이름을 쓰지만 그것들은 중생의 업에 따라 방편으로 달리 말한 것이지 그 내용이 다른 데서 하는 말이 아닙니다.

공이라는 것은 공이라는 생각도 없는 것을 공이라 하는 것이지 조금이라도 공이라는 생각을 가지게 되면 이것은 망(妄)이지 진

(眞)은 아닙니다. 그렇기 때문에 누구든지 공이라는 생각을 조금이라도 가지게 되면 공에 집착한 것이 되고 공에 집착하면 진공이 아닙니다.

"만약 마음이 머뭄이 없는 곳에 머물 때에 머뭄이 없는 곳에 집착한 것이 아닙니까?"

"다만 공한 생각을 지으면 곧 집착할 곳이 없으니 네가 만약 머문 바 없는 마음을 분명하고 밝게 알고자 할진댄 바로 좌선할 때에 다만 마음만 알고, 모든 사물을 생각하여 헤아리지 말며 모든 선악을 생각하여 헤아리지 말라. 과거의 일은 이미 지나가 버렸으니 생각하여 헤아리지 않으면 과거의 마음이 스스로 끊어지니 곧 과거의 일이 없다고 함이요, 미래의 일은 아직 다가오지 않았으니 원하지도 않고 구하지도 않으면 미래의 마음이 스스로 끊어지니 곧 미래의 일이 없다고 함이요, 현재의 일은 이미 현재라 일체의 일에 집착함이 없음을 알 뿐이니, 집착함이 없다 함은 사랑하고 미워하는 마음을 일으키지 않음이 곧 집착함이 없음인지라 현재의 마음이 스스로 끊어져서 곧 현재의 일이 없다고 함이다. 삼세를 거두어 모을 수 없음이 또한 삼세가 없다고 말하는 것이니라.

만약 마음이 일어날 때에 따라가지 않으면 가는 마음이 스스로 끊어져 없어짐이요, 만약 마음이 머물 때에 또한 머뭄에 따르지 않으면 머무는 마음이 스스로 끊어져서 머무는 마음이 없음이니 이것을 머무는 곳이 없는 곳에 머문다고 하느니라.

만약 밝고 밝게 스스로 알아 머뭄이 머뭄에 있을 때에는 다만 사물이 머뭄 뿐이요, 또한 머무는 곳이 없으면 머무는 곳 없음도 없는 것이니라.

만약 밝고 밝게 스스로 알아 마음이 일체처에 머물지 않으면 곧 본래 마음[本心]을 밝고 밝게 본다고 하는 것이며, 또한 성품을 밝고 밝게 본다고 하는 것이니라.

다만 일체처에 머물지 않은 마음이란 곧 부처님 마음[佛心]이며, 또한 해탈심이며, 또한 보리심이며, 또한 무생심이며, 또한 색의 성품이 공함이라 이름하나니, 경에 이르기를, '무생법인을 증득했다'고 함이 이것이니라.

너희들이 만약에 이와 같이 아직 체득하지 못하였을 때는 노력하고 노력하여 부지런히 공력을 더하여 공부를 성취하면 스스로 알 수 있으니, 그러므로 안다고 하는 것은 일체처에 무심함이 곧 아는 것이니라.

무심이라고 말하는 것은 거짓되어 참되지 않음이 없음이니 거짓됨이란 사랑하고 미워하는 마음인 것이며, 참됨이란 사랑하고 미워하는 마음이 없는 것이니라. 다만 사랑하고 미워하는 마음이 없으면 곧 두 가지 성품이 공함이니 두 가지 성품이 공함이란 자연해탈이니라."

問 若心得住無住處時에 不是着無住處否아
答 但作空想하면 卽無有着處니 汝若欲了了識無所住心時인댄 正坐之時에 但知心하고 莫思量一切物하며 一切善

惡을 都莫思量하라. 過去事는 已過去而莫思量하면 過去心이 自絶이니 卽名無過去事요 未來事未至니 莫願莫求하면 未來心이 自絶이니 卽名無未來事요 現在事는 已現在라 於一切事에 但知無著이니 無著者는 不起憎愛心이 卽是無著이라 現在心이 自絶하야 卽名無現在事니 三世不攝이 亦名無三世니라. 心若起去時에 卽莫隨去하면 去心이 自絶이요 若住時에 亦莫隨住하면 住心이 自絶하야 卽無住心이니 卽是住無住處也니라. 若了了自知하야 住在住時에 只物住요 亦無住處하면 亦無無住處也니라. 若自了了知하야 心不住一切處하면 卽名了了見本心也며 亦名了了見性也라. 只箇不住一切處心者는 卽是佛心이며 亦名解脫心이며 亦名菩提心이며 亦名無生心이며 亦名色性空이니 經云證無生法忍是也니라. 汝若未得如是之時에 努力努力하야 勤加用功하야 功成自會니 所以會者는 一切處無心이 卽是會니라. 言無心者는 無假不眞也니 假者는 愛憎心이 是也오 眞者는 無愛憎心이 是也니라. 但無憎愛心하면 卽是二性空이니 二性空者는 自然解脫也니라.

○ 머뭄이 없는 곳에 머문다고 하는 것은 언어로 표현하려고 하니까 '머문다'고 하는 것이지 실제로 '머무는 곳'이 있어서 머무는 것은 아닙니다. 다만 진공을 표현하는 말입니다.
머뭄이 없는 곳에 분명히 모든 것을 자재하게 수용하는 것이니 이것은 진여대용인 진공묘유의 머무름이지 결코 생멸과 집착이 있는 머묾이 아닙니다. 그렇다면 그 머묾에 처소가 있느냐 없느냐 하는 것이 문제가 됩니다.

여기서 공(空)한 생각[想]을 짓는다는 것은 앞에서 말한 공(空)에 집착한 생각[想]과는 다른 공한 생각[空想]입니다. 앞에서 말한 공한 생각[空想]은 공에 집착한 분별을 가지고 하는 말이요 여기서의 공한 생각[空想]이라고 함은 분별과 머묾이 없는 진공묘유의 생각[想]임을 우리가 구분해야 합니다. 다 같이 '있다[有]'고 하여도 생멸의 '있다'와 묘유의 '있다'가 근본적으로 다르듯이 여기서 공한 생각[空想]이라 함은 집착이 완전히 떨어진 것을 말하고 앞의 공한 생각은 집착함이 있음을 말하는 것인 줄 확실히 알아야 합니다.

머묾이 없는 마음이란 진여본심 즉 무념심(無念心), 진여자성을 말함이니, 누구든지 머묾이 없는 마음 즉 진여본심·진공을 확실히 알려면 어떻게 해야 하느냐 하면, 바로 앉았을 때 다만 마음만 알고 모든 물건을 생각하여 헤아리지 말며 모든 선악을 생각하지 않아야 한다고 대주스님은 말씀하셨습니다.

지금 여기서 우리가 분명히 알아야 할 것은 '바로 앉는다'고 하는 것이 행주좌와에서 몸의 자세를 바로 하여 앉음이 아니라 양변에 떨어지지 않는 것을 말하는 것입니다. 즉 중도를 깨쳐서 양변을 여의고 정견(正見)·정념(正念)을 성취함을 '바로 앉는다'고 하는 것입니다.

양변을 여읜 중도에 바로 앉을 것 같으면 과거·현재·미래의 삼세(三世)를 구하려야 구할 수 없고, 집착하려야 집착할 수 없고 머물려야 머물 수 없습니다. 삼세(三世)가 다 끊어져서 절대적인 진여자성·중도만 남게 되는 것입니다. 예를 들어 말하여 진여자성만 남는다고 표현하는 것이지 거기에는 일체 망(妄)이란 완전히 다 떨어지고 마는 것입니다. 그렇게 되면 이것이 참된 무심이며 자유며 열반입니다.

우리가 참으로 자성청정인 진공을 완전히 깨칠 것 같으면 항사묘용이 원만구족한 무한한 활동이 나는데 이것을 묘유라 합니다. 그러나 그 묘유가 아무리 활동한다 하여도 거기에 어떤 생멸이 있고 오고 감이 있고 삼세가 있고 육추(六麤)가 있는 것이 절대로 아닙니다. 진공(眞空)에서 나는 묘유(妙有)는 생멸의 있음[有]이 아니어서 호호탕탕 무애자재하여 아무리 하여도 '머무는 곳'을 찾아볼 수 없는 진여묘용뿐이니 이것을 '머무는 곳이 없다[無住處]'고 하는 것입니다.

'머뭄이 머뭄에 있을 때'라고 하는 이 머뭄이란 머무는 곳이 머뭄이 아니어서 다만 물건이 머물기만 했지 머무는 곳이 없으며 또 머무는 곳이 없다는 것도 없다는 것입니다. 결국 그것을 비유할 것 같으면 밝은 거울에 물건을 비추는 것과 마찬가지로 본시 거울에는 머무는 곳이 없고 색신도 없고 일체분별이 다 떨어져서 천차만별한 물건이 거기에 머물러 있으나 거기에는 분별도 없고 집착함도 없는 것과 마찬가지입니다. 그렇게 되면 머무는 곳이 없다는 그것까지도 없다는 것이니 이것은 진공묘유를 말함이며 분별·차별을 말하는 것은 아닙니다.

'마음이 일체처에 머물지 않는다' 함은 머뭄이 없는 마음[無住心]을 말하는 것이니 일체 집착을 떠난 것이며 일체에 무심이 되어서 팔풍(八風)에 움직이지 않은 선정(禪定)을 성취한 것입니다. 따라서 정과 혜가 함께 갖추어져서[定慧等持] 고요하되 항상 비추고[寂而常照] 비추되 항상 고요하여[照而常寂] 고요함과 비침이 둘이 아니니[寂照不二], 이것을 자성을 본다[見性] 하고 마음을 본다[見心]고 하는 것입니다.

'일체처에 머물지 않은 마음이 곧 부처님 마음[佛心]'이라고 하였는데 자성을 본다든지 마음을 본다고 하는 것은 머묾이 없는 마음[無住心]을 말하는 것으로서 부처님 마음[佛心]을 떠나서 머묾이 없는 마음[無住心]이 따로 없는 것입니다.

중생은 반드시 제8아뢰야의 근본무명 업식을 끊고 자성을 확철히 깨치기 전에는 아무리 노력하여도 '머무는 곳'이 생기게 되는 것이니, 그래서 십지(十地)보살도 공(空)에 빠지고 고요한 데 머물게[沈空滯寂] 되어서 '머무는 곳'이 있게 되고, '머무는 곳'이 있게 되면 자성은 영원히 보지 못하게 되고 맙니다. 자성을 보려면 언제든지 '머무는 곳'이 없다는 그것까지도 완전히 소멸되어야만 참으로 청정자성을 볼 수 있는 것이니, 이것을 '자성을 본다' 하고 '자심을 본다' 하며 '구경각'이라고 하는 것입니다.

결국 돈오(頓悟)라는 것은 견성을 말하는 것이며 무심(無心)을 말하는 것이며 무념(無念)을 말하는 것이며 머묾이 없음을 말함인데, 이것이 즉 부처님 마음[佛心]이며 구경각이니 구경각 내놓고 견성이 따로 없고 돈오가 따로 없다는 것을 분명히 지적해 말씀하신 것입니다.

또 '일체처에 머묾이 없는 마음'이 부처님 마음이며 해탈심이며 보리심이며 무생심이며 색의 성품이 공함[色性空]이니 이것을 경에서 무생법인을 증했다고 한다는 것입니다.

모든 '머무는 곳'이 다 떨어지지 못하고 집착이 다 떨어지지 못하여 확철히 무생법인을 증득하지 못하였을 때는 힘쓰고 힘써서 부지런히 하여 공부를 성취하면 스스로 알 수 있는 것이니, 봉사가 눈을 떠야 광명을 볼 수 있는 것이지 눈을 뜨기 전에는 광명을 보지 못하는 것과 같습니다. 일체 망상의 구름이 다 걷혀서 청천백일을 보게 되면 그때 진여자성을 확철히 깨치게 되는 것이며 비로소 이 근본 도리를 알게 되는 것입니다. 이렇게 안다고 하는 것은 일체처에 무심함이 곧 아는 것이니 다만 조금이라도 사량분별이 붙어 있을 것 같으면 이 도리는 모르고 마는 것입니다. 무심을 우리가 완전히 체득할 것 같으면 이것이 견성이고 성불이며 부처님 마음입니다.

'무심이란 거짓되어 참되지 않음이 없다'고 하는 구절의 직역적(直譯的) 해설이 좀 어렵습니다. 거짓[假]과 참되지 않음[不眞]은 같은 말이니 잘못이 없다고 하거나 참되지 않음이 없다고 해도 괜찮은데 이것은 내용을 강조하기 위해서 그렇게 표현한 것이니 잘못이란 하나도 없다, 전체가 다 참이라는 뜻입니다.

거짓됨[假]이란 사랑하고 미워하는 마음이니 분별심, 변견이며 참됨[眞]이란 사랑하고 미워하는 마음이 없는 것이니 결국 참됨[眞]이란 중도를 말하는 것입니다. 거짓됨[假]은 사랑하고 미워하는 마음이 있어도 안 되고, 참됨이 아니라 함도 사랑하고 미워하는 마음이니 다만 사랑하고 미워하는 마음이 없을 것 같으면 두 가지 성품이 공(空)하니 양변을 다 버리는 것입니다. 두 가지 성품이 공하여 양변을 다 버릴 것 같으면 자연히 해탈하지 않으려야 않을 수 없고 성불하지 않으려야 않을 수 없으니 이것이 곧 중도입니다.

지금까지 여러 가지 표현을 써 왔지만 결국 총결론이 무엇이냐 하면, 양변을 여의고 두 가지 성품이 공한 중도에 있습니다. 그래서 누구든지 참으로 공부를 완전히 성취하려면 양변을 여읜 두 가지 성품이 공한 중도를 성취해야지 그렇지 못하면 불법(佛法)이 아니라는 것을 표현하고자 한 것입니다.

13. 상주(常住)

"앉아서만 쓸 수 있는 것입니까, 다닐 때도 또한 쓸 수 있는 것입니까?"

"지금 공(功)을 쓴다고 말함은 단지 앉아 있는 것만 말하는 것이 아니라, 가거나 머물거나 앉거나 눕거나 하는 짓는 바 움직이는 모든 때 가운데 항상 써서 사이가 끊어짐이 없음이 항상 머문다고 하느니라."

問 只坐爲用가 行時도 亦得爲用否아

答 今言用功者는 不獨言坐니 乃至 行住坐臥所造運爲 一切時中에 常用無間이 卽名常住也니라.

○ 그러면 우리가 양변을 여읜 두 가지 성품이 공[二性空]한 중도(中道)를 성취했다고 한다면 앉아서 쓸 수 있는 것인가, 아니면 다니면서도 쓸 수 있는 것인가 하는 물음입니다.

우리가 공부를 열심히 하여 중도(中道)를 한번 성취하면 참으로 사이가 끊어짐[間斷]이 없어서 항상 머무는 것[常住]이니 상주불멸(常住不滅)입니다. 상주불멸이기 때문에 공부를 성취하면 가나 오나 앉으나 누우나 언제든지 이 가운데에서 작용하여 언제나 한결같으며 여기를 떠나서는 살지 못하는 것이니 이것을 여여(如如)의 경계라고 합니다.

여기서 말하는 가나 오나 앉으나 누우나 하는 말 속에는 오매일여(寤寐一如)까지 표현되어 있습니다. '눕는다'란 누워 잠잘 때도 완전히 통해 있다는 것입니다. 우리가 두 가지 성품이 공한 구경각을 성취하면 상주법계(常住法界) 그대로이니 상주법계에 있어서는 행주좌와(行住坐臥)라는 구별이 절대로 없습니다. 그러므로 앉아 있을 때나 섰을 때나 갈 때나 누웠을 때나 언제든지 한결같아서 아무리 잠이 들었다 해도 한결같은 것이니 조금이라도 간격이 있으면 두 가지 성품이 공하거나 중도를 성취하거나 견성을 성취한 것이 아닌 것입니다.

지금까지 여러 번 되풀이하여 행주좌와에 한결같다는 것을 설명하면서 제8아뢰야식의 무기심(無記心)의 멸진정에 들 것 같으면 오매(寤寐)에 일여(一如)한 경계가 있다고 했습니다. 그것도 언뜻 보면 상주라고 볼 수 있지만 아직까지도 공에 빠지고 고요함에 머물러 '얻는 바'가 있고 '머무는 곳'이 있어서 미세한 생멸의 상주입니다. 참다운 진여상주(眞如常住)가 아닙니다.

참다운 상주란 오매일여를 완전히 넘어선 저 진여에서 한결같음을 말합니다. 만약 그렇지 않으면 변견에 떨어진 단상(斷常)의 상(常)이 되고 마는 것입니다. 여기서 말하는 상주는 진여자성을 말하는 것이지 어떤 '머무는 곳'이 있는 그런 상주가 아님을 알아야 합니다.

14. 오종법신(五種法身)

"『방광경(方廣經)』에 이르기를, '다섯 가지의 법신은 첫째는 실상법신이요, 둘째는 공덕법신이요, 셋째는 법성법신이요, 넷째는 응화법신이요, 다섯째는 허공법신이다'라고 하였는데 자기의 몸에는 어떤 것이 이것입니까?"

"마음이 무너지지 않음을 아는 것이 실상법신이며, 마음이 만상을 포함함을 아는 것이 공덕법신이며, 마음이 무심임을 아는 것이 법성법신이며, 근기 따라 응하여 설법함이 응화법신이며, 마음이 형상이 없어 얻을 수 없음을 아는 것이 허공법신이니, 만약 이 뜻을 확실히 아는 이는 곧 증득할 것이 없음을 아느니라.

얻음도 없고 증득함도 없음이 곧 불법을 증득한 것이요, 만약 법신을 증득함이 있고 얻음이 있음을 증득으로 삼는 이는 곧 삿된 견해의 증상만인이며 외도라고 하느니라. 왜냐하면 『유마경』에서 이르기를, 사리불이 천녀에게 묻되 '그대는 얻은 바가 무엇이며 증한 바가 무엇이기에 말재주가 이와 같으냐' 하니 천녀가 대답하기를, '나는 얻음도 없고 증함도 없이 이와 같음을 얻었소. 만약 얻음이 있고 증함이 있으면 불법 가운데에 증상만인이 되는 것이오'라고 하였느니라."

問 方廣經云 五種法身은 一實相法身이요 二功德法身이요 三法性法身이요 四應化法身이요 五虛空法身이라 하니 於自己身에 何者是오

答 知心不壞가 是實相法身이요 知心含萬像이 是功德法身이요 知心無心이 是法性法身이요 隨根應說이 是應化法身이요 知心無形하야 不可得이 是虛空法身이니 若了此義者는 卽知無證也니라 無得無證者는 卽是證佛法이요 法身을 若有證有得을 以爲證者는 卽邪見增上慢人也며 名爲外道니 何以故오 維摩經云 舍利弗이 問天女曰 汝何所得이며 何所證하야 辯乃得如是오 天女答曰 我無得無證하야 乃得如是라 하니 若有得有證하면 卽於佛法中에 爲增上慢人也니라.

○ 중생들이 볼 때는 다섯 가지 법신이 모두 다르므로 우리는 그 어느 법신에 해당하느냐는 의심을 가질 수 있습니다. 그러므로 그러한 의심을 풀어 주기 위해 이렇게 물은 것입니다.

마음이 무너지지 않음이란 절대적인 불변을 말함이니 곧 금강불괴심(金剛不壞心)입니다. 금강같이 단단하여 삼천대천세계가 천 번 무너지고 만 번 무너져도 동요가 없고 손실이 없어서 무너지지 않고 상주하는 진여본성을 깨치면 영원토록 증감이 없는 금

강불괴신을 증하게 됩니다. 이것이 금강불괴심입니다. 이 금강불괴심을 확실히 아는 것을 실상법신(實相法身)이라고 합니다.
금강불괴심을 실상법신이라고 하니 아주 돌덩어리·쇳덩어리같이 단단해서 부서지지도 않고 변하지도 않아서 아무 활동도 없는 것이 아닌가 하고 생각할는지 모르겠으나 금강불괴심은 그런 것이 아닙니다. 금강불괴심은 상주불멸해서 천 부처 만 부처가 이것을 깨려야 깰 수 없고 빛을 더하려야 더할 수 없지만 그 가운데 삼라만상이 건립되어 있어서 항사묘용이 구족해 있습니다. 만상(萬像)이란 항사묘용의 공덕을 말하는 것이니 실상법신에 일체만법이 원만구족함을 표현하여 공덕법신(功德法身)이라 합니다.
그러면 생멸심·분별심이 있어도 금강불괴심인 실상법신을 알 수 있고 일체 만상이 원만구족한 진공묘유의 공덕심을 알 수 있느냐면 그렇지는 못합니다. 참으로 모든 차별 망상을 다 쉬어야만 이것을 알 수 있는 것입니다. 자기 마음이 구경무심함을 성취하면 이것을 법성법신(法性法身)이라고 합니다.
무심(無心)이라고 하니까 고정되어 있어서 변화하는 활동이 없느냐 하면 그런 것이 아니라, 일체 만상이 원만구족하므로 근기 따라서 혹은 이렇게도 나투고 저렇게도 나투며 혹은 이렇게도 설하고 저렇게도 설하여, 천차만별 천백억화신으로 나투어서 중생을 위해 미래겁이 다하도록 설법을 하니 이것을 응화법신(應化法身)이라고 합니다.
지금까지 여러 가지 법신을 설명해 왔는데 그렇다면 무슨 모양이 있을 것이 아닌가 하고 생각할지도 모릅니다. 하지만 만약 모양이 있을 것 같으면 실상법신도 될 수 없고 공덕법신도 될 수 없고 법성법신도 될 수 없고 응화법신도 될 수 없는 것이니, 법신(法身)은 일체 명상(名相)이 다 떨어졌기 때문입니다. 일체 명상이 모두 떨어진 동시에 일체 명상이 원만구족해 있으니 이것을 허공법신(虛空法身)이라고 합니다.

일체 만법이 원만구족함을 공덕법신이라고 했는데 허공법신이라고 하여 텅 비어서 아무것도 없는 줄 알면 큰일 납니다. 형상이 없다[無形]고 하는 것은 일체가 모두 원만구족함과 다르지 않다는 말입니다. 만상이 거기에 모두 건립되어 있지만 실제로는 한 형상도 보려야 볼 수 없는 것이니, 거울 가운데 모든 것이 다 비추고 있지만 거기에 한 형상도 보려야 볼 수 없는 것과 마찬가지로 일체 만상이 구족하면서 일체의 상을 볼 수 없는 것을 허공법신이라 합니다. 허공이라고 해서 단공(斷空)인 허무의 공이 아니라 만법이 갖추어진 실상(實相)의 허공이니 실상공(實相空)입니다.

'만약 이 뜻을 분명히 알면 증할 것이 없음을 안다'고 하는 것은 무엇을 증한다고 하니 손을 잡거나 돌덩어리를 쥐듯이 잡을 것이 있는 줄 알면 참된 증(證)이 아닙니다. 지금 말하는 증득이란 증할 것이 없는[無證] 증득입니다. 아무리 증하려야 증할 수 없고 깨치려야 깨칠 수 없고 보려야 볼 수 없는데, 여기서 분명히 증하고 분명히 깨치고 분명히 보는 것입니다.

또 증할 것이 없다고 하니까 아무것도 없이 텅 비어서 증하려야 증할 수 없는 것뿐이 아니냐고 할는지 모르겠으나 그런 것이 아닙니다. 분명히 구경각을 성취해서 깨치면 진여법신을 증합니다. 증하기는 분명히 증했지만 거기에는 모든 명상이 다 끊어졌기 때문에 증한 자취를 보려야 볼 수 없고 증한 것을 찾으려야 찾을 수 없습니다. 그렇기 때문에 '증한 것이 없다[無證]'고 하는 것이지 단멸적(斷滅的)인 뜻으로 말하는 것은 아닙니다.
여기에 이르러서는 부처도 찾아보려야 찾아볼 수 없고 조사도 찾아보려야 찾아볼 수 없으며 무엇 하나라도 구하려야 구할 수 없고 보려야 볼 수 없는 것이니, 이것을 '얻음이 없다[無得]' 하고 '증함이 없다[無證]'고 하는 것이며 이것을 불법을 증한 것이라고 하는 것입니다.
'만약 증함이 있고 얻음이 있음을 증(證)이라고 하는 이는 곧 삿된 견해이며 증상만인이며 외도라고 한다'고 함은 생멸에 떨어진 중생이기 때문입니다. 증상만인이란 공연히 알지도 못하면서 알았다고 하는 병을 가진 사람을 말합니다. 『유마경』에서 인용한 말과 같이 만약 누구든지 얻은 것이 있고 증한 것이 있다고 한다면 불법(佛法) 가운데서는 외도이며 증상만인이어서 불법을 바르게 알고 있는 사람은 아닙니다. 그래서 누구든지 천녀와 같이 걸림이 없는 변설[無碍辯]을 얻으려면 얻음도 없고 증함도 없어야 하는 것입니다.
그것은 마치 아무것도 없는 허공에는 주먹을 마음대로 휘두를 수 있지만 모든 물건이 가득 채워져 거리낌이 있을 때는 주먹을 마음대로 휘두를 수 없는 것과 마찬가지이니 우리가 한 물건이라도 얻을 수 있고 증할 수 있고 집착이 있을 것 같으면 걸림이 없는 변설[無碍辯]이 되지 않습니다.
대주스님은 지금 강의하고 있는 『돈오입도요문』 이외에도 많은 법문이 있는데 누가 무엇을 묻든지 간에 조금도 거리낌없이 관운장이 청룡도 쓰듯이 모든 법문에 응대해서 누구든지 대주스님을 한 번 대하면 "스님은 참으로 희유한 걸림 없는 변설을 얻으셨습니다." 하고 탄복하지 않은 사람이 없었다고 합니다.

실제로 우리가 걸림 없는 변설을 얻으려면 머뭄이 없는 마음[無住心], 곧 진정한 무심(無心)을 성취해야 하는 것이지 그렇지 않고 얻음이 있거나 증함이 있으면 걸림 없는 변설을 얻지 못하는 것입니다. 진실로 걸림 없는 변설을 성취하지 못하고서 자기가 법을 성취했다고 하는 사람은 증상만이 가득 찬 외도이지 불법(佛法)을 얻은 사람은 아닌 것입니다.

15. 등각(等覺)과 묘각(妙覺)

"경에 이르되 '등각·묘각'이라 하니 무엇이 등각이며 무엇이 묘각입니까?"

"색(色)에 즉하고 공(空)에 즉함이 등각이요, 두 가지 성품이 공한[二性空] 까닭에 묘각이라 하며, 또 이르되 깨달음이 없음과 깨달음이 없음도 없음을 일컬어 묘각이라 하느니라."

問 經云 等覺妙覺이라 하니 云何是等覺이며 云何是妙覺고

答 卽色卽空이 名爲等覺이요 二性空故로 名爲妙覺이며 又云 無覺無無覺이 名爲妙覺이니라.

○ '색에 즉하고 공에 즉한다' 함은 공이 곧 색이고 색이 곧 공으로서 서로서로 무애자재한 것을 등각이라 하니 이것은 쌍조(雙照)를 말하는 것이며, 두 가지 성품이 공하다 함은 쌍차(雙遮)를 말합니다. 우리가 지금까지는 색에 즉하고 공에 즉함이라는 말이 색즉시공 공즉시색(色卽是空 空卽是色)으로써 쌍차하고 쌍조한 차

조동시(遮照同時)한 뜻으로 말하였는데, 여기서는 왜 이것을 등각이라 하고 두 가지 성품이 공함을 묘각이라고 하느냐 하는 것이 문제입니다. 여기서 표현하는 등각·묘각이라는 것은 우리가 불법을 성취하는 데 있어서 십지(十地)·등각(等覺)이라고 말하는 그 등각이 아니고 공부를 완전히 성취해서 중도를 정등각한 등각을 말하는 것이니 그러므로 혼동하면 절대로 안 됩니다. 중도를 정등각한 등각을 말하는 것이므로 양변을 완전히 여의어서 색에 즉하고 공에 즉하지 않을 수 없고, 색에 즉하고 공에 즉하면 이것이 두 가지 성품이 공한 것입니다. 색에 즉하고 공에 즉한 면을 등각이라 하고 두 가지 성품이 공한 면을 묘각이라고 표현하였지만 등각이 즉 묘각이고 묘각이 즉 등각이라는 말입니다.

그래서 우리가 공부하는 차제향상(次第向上)에서 말하는 십지·등각의 등각이 아닌 줄 바로 알아 혼동해서는 안 되며, 그 뜻이 중도를 등각했다, 중도를 묘각했다는 뜻임을 분명히 알아야 합니다.

다음에는 누구든지 색에 즉하고 공에 즉함이 되고, 두 가지 성품이 공할 것 같으면 깨달음이 없음과 깨달음 없음이 없음도 자연히 되는 것이지, 깨달음 없음이 되어서 깨달음 없음이 없다가 되는 것이 아닙니다. 그러므로 무슨 깨친 것이 있다고 하니까 깨친 것이 있는 것으로 집착하는 사람이 생기게 되면 곤란합니다. 그렇게 되면 두 가지 성품이 공한 사람도 아니고, 색에 즉하고 공에 즉한 사람도 아니며, 깨친 사람도 아닙니다. 실제로 깨친다 함은 깨침도 없고 깨침이 없다는 그것까지도 없다는 말이니 그것을 자성청정심이라 하고 구경각이라고 하는 것입니다.

"등각과 묘각이 다릅니까, 다르지 않습니까?"
"일에 따라 방편으로 두 가지 이름을 거짓으로 세운 것이니 본체는 하나요 둘도 아니고 다르지도 않으니, 내지 일체법이 모두 그러하느니라."

問 等覺與妙覺이 爲別가 爲不別가
答 爲隨事方便으로 假立二名이라 本體是一이요 無二無別이니 乃至 一切法이 皆然也니라.

○ '본체는 하나'란 진여자성 중도를 말하는 것이니 이것 내놓고 등각이 따로 없고 묘각이 따로 없습니다.
'일체법이 그렇다'고 한 것은 깨친 데서 하는 말입니다. 우리가 진여를 확철히 깨쳐서 진공을 얻으면 항사묘용이 벌어지는데, 이것을 팔만사천뿐만 아니라 여러 천만의 차별로써 표현한다 하여도 본체는 진여자성 하나뿐으로 딴 것이 없습니다. 등각·묘각만 가지고 하는 말이 아니라 일체법이 다 마찬가지라는 것입니다.

16. 설법(說法)

"『금강경』에 이르기를, '설할 법이 없음이 법을 설함이라' 하니 그 뜻이 무엇입니까?"

"반야의 체는 필경 청정하여 한 물건도 얻을 수 없음이 설할 법이 없다고 함이요, 반야의 공적한 본체 가운데에 항사의 묘용을 갖추어서 알지 못할 일이 없음이 법을 설한다고 함이니, 그러므로 설할 법이 없음이 법을 설함이라고 하느니라."

問 金剛云 無法可說이 是名說法이라 하니 其義云何오
答 般若體畢竟淸淨하야 無有一物可得이 是名無法可說이요 卽於般若空寂體中에 具恒沙之用하야 卽無事不知是名說法이니 故云無法可說이 是名說法이니라.

○ 반야의 본체가 청정하여 한 물건도 없다고 함은 심청정(心淸淨)을 말하며, 반야의 공적한 본체 가운데 삼신사지(三身四智)가 원만히 구족하고 팔해육통(八解六通)이 원만구족하며 육도만행(六度萬行)이 구족할 뿐 아니라 항사묘용을 구족하지 않음이 없

어서 모르는 것이 없는 것을 법을 설한다고 하는 것이며, 이는 심광명(心光明)을 말하는 것입니다.

그러면 우리 불법(佛法)만 구족하고 외도법(外道法)은 구족하지 않는 것이 아니냐고 생각한다면 그 사람은 실제로 중도를 모르는 사람입니다. 여기에서는 외도법이고 불법이고 할 것 없이 전체가 원융무애해서 중도로 회향하는 것입니다. 전체가 모두 진여묘용이지 다른 것이 없습니다. 세법(世法)도 나누지 않고 불법(佛法)도 나누지 않고 마구니도 세우지 않으며 부처도 세우지 않습니다. 그래서 모든 것이 불법 아님이 없고 모든 것이 진여묘용 아님이 하나도 없으니 이것을 항사묘용이라고 합니다. 거듭 강조하면 일체 분별이 모두 떨어진 필경 청정한 진공(眞空)을 말하여 설할 것이 없다 하고, 일체가 원만구족해서 무애자재한 묘유를 말하여 법을 설한다고 하는 것입니다.

17. 『금강경(金剛經)』의 경천(輕賤)

"만약 선남자·선여인이 이 경을 수지독송하여 사람들에게 경멸과 천대를 받게 되면 이 사람은 전세의 죄업으로 마땅히 악도에 떨어질 것이지만, 금세의 사람들의 경멸과 천대를 받음으로 해서 전세의 죄업이 곧 소멸하여 마침내 아뇩다라삼먁삼보리를 얻는다고 하는데 그 뜻이 무엇입니까?"

"예를 들면 어떤 사람이 대선지식을 아직 만나지 못하여 오직 악업만 짓고 청정한 본래 마음이 삼독의 무명에 덮여서 능히 나타나지 못하므로 사람들에게 경멸과 천대를 받는다고 말한 것이니라. 금세의 사람들에게 경멸과 천대를 받는 것은, 곧 오늘 발심하여 불도를 구함으로 무명이 다 없어지고 삼독이 나지 아니해서 곧 본래 마음이 명랑하고 다시 어지러운 생각이 없으며, 모든 악이 영원히 없어져 버림으로써 금세 사람의 경멸과 천대를 받는다고 하느니라. 무명이 모두 없어져서 어지러운 생각이 나지 않으면 자연히 해탈한 것이므로 마땅히 보리를 얻는다고 하는 것이니, 곧 발심할 때가 금세요 격생이 아니니라."

問 若有善男子善女人이 受持讀誦此經하야 若爲人輕賤하면 是人은 先世罪業으로 應墮惡道어늘 以今世人輕賤故로 先世罪業이 卽爲消滅하야 當得阿耨多羅三藐三菩提라 하니 其義云何오

答 只如有人이 未遇大善知識하야 唯造惡業하야 淸淨本心이 被三毒無明所覆하야 不能顯了故로 云爲人輕賤也요 以今世人輕賤者는 卽是今日에 發心求佛道하야 爲無明이 滅盡하야 三毒이 不生하야 卽本心이 明朗하야 更無亂念하고 諸惡이 永滅故로 以今世人輕賤也요 無明이 滅盡하야 亂念이 不生하면 自然解脫故로 云當得菩提니 卽發心時名 爲今世요 非隔生也니라.

○ 이 경문을 생멸 견해로써 피상적으로 해석하면 부처님의 근본 뜻을 모르고 맙니다. 경멸과 천대의 내용이 다른 것임을 지적하기 위하여 대주스님이 이렇게 인용하신 것입니다.
위의 내용 가운데에서 사람들에게 경멸과 천대를 받는다는 것과 금세 사람의 경멸과 천대라고 하는 것은 해석이 정반대로 되어 있습니다.
먼저, 사람들에게 경멸과 천대를 받는다고 함은 자기의 진여본성이 무명업식에 가려서 진여본성이 나타나지 않는 것을 말함이지 실제로 어떤 사람들에게 경멸과 천대를 받고 구박을 받는다는 뜻이 아닙니다. 여기서 경멸과 천대를 받는다고 하는 것은 무명이 진여를 덮어서 진여를 보지 못함을 말합니다.

금세 사람의 경멸과 천대라 하는 것은 발심 구도하여 무명을 경멸하고 천대하여 진여가 나타난 것을 말합니다. 결국 앞에서는 진여자성을 무명이 경멸하고 천대하였으며, 뒤에서는 무명을 경멸하고 천대하여 진여본성이 드러난 것이니 이것을 금세 사람의 경멸과 천대라고 한다는 것입니다.

이렇게 해석하면 선가(禪家)에서는 글을 이상하게 해석한다고 생각할지 모르겠으나 이렇게 해석해야만 경멸과 천대의 뜻을 바르게 아는 것이지 문자대로 해석하면 부처님 뜻은 모르고 맙니다. 우리가 참으로 공부를 부지런히 해서 불법을 바로 알면 이렇게 해석하지 않을 수 없습니다.

부처님이나 조사들은 항상 "글자를 의지해서 해석하면 삼세 부처님들의 원수이다[依文解 三世佛怨]."라고 말씀하셨습니다. 그렇기 때문에 누구든지 피상적인 글자에 구애되지 말고 법문의 뜻을 바로 알아야 합니다. 그렇다고 글자는 볼 것도 없이 뜻만 알아야 하느냐 하면 그런 것은 아닙니다. 우리 선가에서는 "경을 떠나서 해석하면 곧 마설과 같다[離經說卽同魔說]."고 말합니다. 그러면 우리가 어떻게 해석해야만 부처님의 뜻을 바로 알 수 있느냐는 것도 참 곤란한 일입니다. 문자에 집착하면 삼세 부처님의 원수가 되고 문자를 떠날 것 같으면 마설이라고 했으니 앉지도 못하고 서지도 못하는 이런 지경에 이르게 되지 않았습니까?

마설이 되어도 안 될 것이고 삼세 부처님의 원수가 되어도 안 될 것이니 여기서는 이것이 모두 양변입니다. 마설도 버리고 부처님 원수도 버릴 것 같으면 중도정견이 나옵니다. 분명히 문자에 의지해서 설명하는데 문자를 떠나고 문자를 떠나서 설명하는데 분명히 문자에 의지해 있어서, 아무리 문자에 의지해서 설명하지만 조금도 문자에 구애되지 않고 아무리 문자를 떠나서 설명한다고 해도 문자에 벗어나지 않습니다. 그렇게 해야만 참으로 무애자재하게 바른 견해를 가지고 부처님 뜻이나 조사들의 뜻을 옳게 해석할 수 있는 것이지 조금이라도 이런 자유자재한 해석을 가지지 못하면 영원토록 불법을 매몰해 버리고 그 뜻을 모르고 맙니다. 여기서 이렇게 장황하게 설명하는 것은 경멸과 천대의 해석을 두고서 사람들의 생각과 대주스님이 생각하는 바가 틀리기 때문에 의심을 품는 사람이 있을까 싶어서 내가 이런 예를 들어 설명한 것입니다.

18. 여래(如來)의 오안(五眼)

"또, 여래의 다섯 가지 눈이란 어떤 것입니까?"
"색의 청정함을 보는 것이 육안이요, 색의 본체가 청정함을 보는 것이 천안이요, 모든 색의 경계와 내지 선악에 대해서 모두 미세하게 분별하여 물듦이 없고 그 가운데 자재함이 혜안이요, 보아도 보는 바가 없음이 법안이요, 보는 것이 없고 보는 것이 없음도 없는 것이 불안(佛眼)이라고 하느니라."

又云 如來五眼者는 何오.
答 見色淸淨이 名爲肉眼이요 見體淸淨이 名爲天眼이요 於諸色境乃至善惡에 悉能微細分別하야 無所染著하고 於中에 自在名爲慧眼이요 見無所見이 名爲法眼이요 無見無無見이 名爲佛眼이니라.

○ 색(色)이란 피상적으로 나타난 외부적 형상을 말하고, 체(體)란 색을 구성하는 내부적인 본체를 말하는 것이니, 색이 청정함을 볼 때는 체가 청정하고 체가 청정함을 볼 때는 색이 청정하지 않

으려야 않을 수 없습니다. 그래서 색이 즉 체이고 체가 즉 색이어서 육안이 곧 천안이고 천안이 즉 육안이어서 서로 융통무애하게 통하는 데에서 하는 표현이지, 절대로 육안 따로 있고 천안 따로 있어 서로 막힌 데서 하는 말이 아닙니다.

그런데 법안은 보아도 보는 바가 없음이니 그것은 '보는 것이 없음[無見]'인 데 반하여, 불안은 '보는 것이 없고 보는 것이 없음도 없다는 것'이니 법안보다는 불안이 한 단계 더 높다고 해석할 수도 있습니다. 그렇지만 그렇게 해석하면 법안을 모르는 사람입니다. 보아도 보는 바가 없으면 보는 것이 없음도 없는 것입니다. '보는 것이 없다' 하면 보는 것이 없음도 볼 수 없는 것을 말한 것이지, 거기에 보는 것이 없다는 견해가 남아 있다면 '보는 바가 없음'이 아닙니다.

그러므로 법안과 불안을 어떤 단계적인 관계로 표현한 것으로 이해할는지 모르겠으나 내용은 법안이 즉 불안이고 불안이 즉 법안입니다. 이렇게 해석해야 바른 해석입니다. 만약 그렇지 않고 '보는 것이 없음'을 법안이라 하고, '보는 것이 없음' 뿐만 아니라 '보는 것이 없음' 그것도 없는 것을 불안이라 한다고 하여 거기서 불안은 법안보다 높다고 한다면, 앞의 '보는 것이 없다'는 뜻을 모르는 사람입니다. 그래서 실제에 있어서 그 '보는 것이 없는 것'의 내용을 보다 더 확실하게 표현하기 위해서 '보는 것이 없는 것도 없다'고 한 것입니다.

실제로 '보는 것이 없다'고 하면 '보는 것이 없음도 없는 것'이 되지 않으려야 않을 수 없으니, 법안이 즉 불안이고 불안이 즉 법안이며 다시 육안·천안·혜안 모두 다 완전히 서로 통해 있습니다.

색의 청정함을 보는 것이 완전히 되면 '보는 것이 없음'이 안 되려야 안 될 수 없고, 색의 청정함을 보려면 '보는 것이 없음도 없음'이 되지 않으면 안 됩니다.

그래서 불안이 즉 천안이고 천안이 즉 법안이며 천안이 즉 육안이어서 여기서 오안이 서로 융통해 있는 것이지 오안이 따로따로 하나하나 독립되어 있지 않습니다. 색의 청정을 보는 것이 완전히 되면 오안이 구족하고 '보는 것이 없음'이 완전히 되면 오안이 구족해서 하나가 곧 다섯이며 다섯이 곧 하나인 것이니 하나와 다섯이 따로 서 있지 않음을 분명히 알아야 합니다.

19. 대승(大乘)과 최상승(最上乘)

"또, 대승과 최상승의 뜻은 어떠합니까?"
"대승이란 보살승이요, 최상승이란 불승이니라."

又云 大乘最上乘 其義云何오.
答 大乘者는 是菩薩乘이요 最上乘者는 是佛乘이니라.

"어떻게 닦아야 이 승을 얻습니까?"
"보살승을 닦음이 대승이니 보살승을 증득하여 다시 관(觀)을 일으키지 않고 닦을 곳이 없음에 이르러 담연히 항상 고요하여 늘지도 않고 줄지도 않음이 최상승이니, 곧 이것이 불승이니라."

又問 云何修而得此乘고
答 修菩薩乘者는 卽是大乘이라 證菩薩乘하야 更不起觀하고 至無修處하야 湛然常寂하야 不增不減이 名最上乘이니 卽是佛乘也니라.

○ '늘지도 않고 줄지도 않음[不增不減]'이 되면 '나지도 않고 죽지도 않음[不生不滅]'이 안 될 수 없으며, '나지도 않고 죽지도 않음'이 되면 중도(中道)입니다. 그래서 여기서 말하는 최상승이나 불승은 머뭄이 없는 청정심을 얻어 담연히 항상 고요하여 늘거나 줄지도 않고 생멸도 없어 항사묘용이 원만구족하여 무애자재함을 가리키는 것입니다.

20. 정혜(定慧)를 함께 씀

"『열반경』에 이르기를, '선정은 많고 지혜가 적으면 무명을 떠나지 못하며, 선정은 적고 지혜가 많으면 삿된 견해를 증장하며 선정과 지혜를 함께하는 까닭에 해탈이다'라고 하니 그 뜻이 무엇입니까?"

"일체 선악에 대하여 모든 것을 분별함이 지혜요 분별하는 곳에 애증을 일으키지 않으며 물드는 바에 따라가지 않음이 선정이니, 곧 선정과 지혜를 함께 쓰는 것이니라."

問 涅槃經云 定多慧少하면 不離無明이요 定少慧多하면 增長邪見이요 定慧等故로 卽名解脫이라 하니 其義云何오.
答 對一切善惡하야 悉能分別이 是慧요 於所分別之處에 不起愛憎하며 不隨所染이 是定이니 卽是定慧等用也니라.

○ '중도를 정등각'하면 양변을 모두 여의어 쌍차가 되는 동시에 양변이 쌍조가 되어 선정과 지혜를 함께 가지게 되는 것입니다. 그럼에도 불구하고 선정은 많고 지혜가 적다든지 지혜는 많은데

선정은 적다고 하는 것은 생멸변견으로써 양변에 머물러 있는 것이지 양변을 떠난 것은 아닙니다. 그렇게 되면 이것은 무명이고 사견이며 불법은 아니라는 부처님의 말씀이 있으니 무슨 뜻이냐는 물음입니다.

여기서 말하는 것은 우리가 일체 만물을 분별하고 모든 것을 다 차별하는 이것이 지혜라는 것입니다. 그러나 분별하고 차별하되 그 가운데 미워하고 사랑하는 마음도 없고 물드는 마음도 없다면 이것이 선정입니다. 증애심과 물드는 마음이 없는 가운데에서 모든 것을 분별하고 모든 것을 분별·차별하는 가운데에서 증애심과 물드는 마음이 없다는 것이니, 이것은 선정이 곧 지혜이며 지혜가 곧 선정인 것입니다. 그래서 선정과 지혜가 함께한 것[等持]입니다. 만약 선정과 지혜가 두 쪽이 나서 선정이 많고 지혜가 적든지, 지혜가 많고 선정이 적든지 하면 이것은 실제로 변견의 생멸이지 중도 정각은 아닌 것입니다.

참으로 우리가 선정과 지혜를 함께 쓰려면 누구든지 일체 만물을 분명히 분별하는 동시에 분별심이 완전히 떨어져 무심이 되고 무심이 된 동시에 일체 만법을 모두 분명히 분별하여야 합니다. 여기에서는 선정 가운데 지혜가 있고 지혜 가운데 선정이 있으니 이것을 '선정과 지혜를 함께 쓴다'고 하는 것입니다.

21. 경상(鏡像)과 정혜(定慧)

"말이 없고 설함이 없음이 곧 선정이라 하니, 바로 말하고 설할 때도 선정이라 할 수 있습니까?"

"지금 선정이라고 하는 것은 말함과 말하지 않음을 논하지 않고 항상 선정인 것이니라. 왜냐하면 선정의 본성을 쓰기 때문에 말하거나 분별할 때에 곧 말하거나 분별함도 선정인 것이기 때문이다. 만약 공(空)한 마음으로 색(色)을 볼 때에는 색을 볼 때도 또한 공이며, 만약 색을 보지 않고 말하지 않고 분별하지 않을 때도 또한 공이며, 내지 보고 듣고 깨닫고 알 때에도 역시 이와 같느니라. 왜냐하면 자성이 공하기 때문에 곧 일체처에 있어서 모두 공한 것이니, 공이란 곧 집착이 없음이며 집착이 없음이 곧 선정과 지혜를 함께 쓰는 것이니라. 보살이 항상 이와 같이 공 그대로[等空]의 법을 써서 구경에 이르는 까닭에 선정과 지혜가 함께함을 곧 해탈이라고 하느니라."

又問 無言無說이 卽名爲定이라 하니 正言說之時에 得名定否아.

答 今言定者는 不論說與不說常定이니 何以故오 爲用定性일새 言說分別時에 卽言說分別도 亦定이니라 若以空心으로 觀色時엔 卽觀色時도 亦空이며 若不觀色不說不分別時도 亦空이며 乃至見聞覺知도 亦復如是니라 何以故오 爲自性空하야 卽於一切處悉空이니 空卽無著이요 無著이 卽是等用이라 爲菩薩이 常用如是等空之法하야 得至究竟故로 云定慧等者는 卽名解脫也니라.

○ 언설(言說)로써 말할 수 있다고 하는 것은 생멸(生滅)이 아닌가, 그리고 생멸이 완전히 떨어진 곳을 선정이라 하고 생멸이 그대로 붙어 있으면 이를 선정이라고 할 수 없는데 어떻게 해석해야 되겠는가 하는 물음입니다.

여기서 선정이라고 하면 따로 떨어진 선정이 아니라 지혜도 항상 따라가는 선정입니다. 그것은 마치 빛이라고 하면 언제든지 불이 따라오고 불이라고 하면 빛이 따라가는 것과 같습니다. 그러므로 불이라고 하면 빛이 있는 줄 알고 빛이라고 하면 불이 있는 줄 알아야지, 선정이라 한다고 지혜는 버리고 선정 한 가지인 줄만 알면 이는 불도 모르고 빛도 모르는 사람입니다.

중도를 정등각하면 항사묘용이 나타나서 일체에 자유자재하게 활동합니다. 아무리 활동한다 해도 분명히 모든 분별을 떠나 있습니다. 아무리 언설을 하고 건립하여 활동한다고 해도 이것은 실제로 모든 분별이 떨어진 선정이며 중도의 선정이지 생멸의 분별이나 외도의 사견은 아닙니다.

'만약 공한 마음으로 색을 볼 때에는 색을 볼 때도 또한 공하다'고 하는 것은 내 마음이 공하기 때문에 일체가 공하다는 말과 같습니다. 나의 보는 자체가 보는 놈이 없고, 보는 놈이 없으므로 상대가 생길 수 없습니다. 즉 주관이 완전히 공하니 보는 놈이 없으며 보는 놈이 없으면 볼 놈이 자연히 있을 수 없습니다. 그래서 보는 놈이 공해서 일체가 다 떨어졌다고 말하는 것입니다. 그렇기 때문에 볼 놈, 곧 색을 볼 때도 일체가 모두 공입니다. 여기서는 색즉시공 공즉시색으로 전체가 모두 원융무애한 것이지, 거기서 내 마음은 공했는데 색은 그대로 있고 색은 그대로 있는데 내 마음은 공했다 하면 틀린 말입니다. 색이 공할 때는 반드시 마음이 공하고 마음이 공할 때는 반드시 색이 공해서 선정이면 지혜이고 지혜이면 선정인 것과 마찬가지로 주관이 완전히 공하면 일체 객관도 공하고 일체 객관이 공하면 주관이 공한 것도 마찬가지입니다.

여기서 말하는 보살은 중도를 정등각해서 모든 것에 선정과 지혜를 함께 가져서 공 그대로[等空]를 쓰므로 부처라고 해야 되는데 왜 보살이라고 했느냐 하는 것이 문제가 됩니다. 여기서는 보살뿐 아니라 마구니라 해도 괜찮습니다. 그 이유는 보살이라 이름한다고 해서 아직까지 중도를 몰라서 구경에 이르지 못한 중간에 있는 보살이 아니기 때문입니다.

'보살이 공 그대로[等空]의 법을 써서 구경에 이름을 얻는다' 하는 것은 공 그대로[等空]의 법을 써서 거기서 한 발자국 한 발자국 걸어가서 공 그대로의 씀[用]을 얻는다는 뜻이 아닙니다. '구경에 이름을 얻는다'는 것은 공 그대로의 법을 완전히 성취하면 이것이 곧 구경이라는 것을 표현한 것이지 절대로 시간적인 간격을 두고 하는 말이 아닙니다. 그러므로 '선정과 지혜를 함께하는 것을 해탈이라 한다'고 하는 것입니다. 즉 앞에서 말한 '집착이 없음'이 선정과 지혜를 함께 쓰는 것이니, 보살이 항상 공 그대로의 법을 써서 구경을 성취하면 선정과 지혜를 함께 쓰게 되어 해탈이 되는 것입니다. 그래서 공 그대로[等空]가 곧 구경, 구경이 곧 공 그대로인 동시에 보살이 곧 구경 성불이고 성불이 곧 보살이라는 표현인 줄 분명히 알아야 합니다.

"지금 다시 그대들을 위하여 비유로써 나타내 보여 그대들로 하여금 분명하게 알아서 의심을 끊게 하리라.
'비유컨대 밝은 거울이 모습을 비출 때에 그 밝음이 움직이느냐?'
'움직이지 않습니다.'
'비추지 않을 때도 또한 움직이느냐?'
'움직이지 않습니다.'
'왜냐하면 밝은 거울의 작용에는 밝게 비친다는 정(情)이 없으므로 비출 때도 움직이지 않고 비추지 않을 때도 움직이지 않는 것이니라. 어떻게 해서 그러냐 하면 분별의 정(情)이 없는 가운데에는 움직이는 것도 없고 움직이지 않는 것도 없기 때문이니라.'
또,
'햇빛이 세상을 비출 때 그 빛이 움직이느냐?'

'움직이지 않습니다.'

'만약 비추지 않을 때도 움직이느냐?'

'움직이지 않습니다.'

'왜냐하면 빛은 분별의 정(情)이 없기 때문이니 정이 없음을 써서 빛이 비추므로 움직이지 않으며 비추지 않을 때도 또한 움직이지 않느니라. 비춘다 함은 지혜요 움직이지 않는다 함은 선정이니 보살이 선정과 지혜를 함께한 법을 써서 삼먁삼보리를 얻는 까닭에 선정과 지혜를 함께 씀이 곧 해탈이라고 하느니라. 지금 정(情)이 없다고 말하는 것은 범부의 정이 없음이요 성인의 정이 없는 것이 아니니라.'"

今更爲汝譬喻顯示하야 令汝惺惺得解斷疑하리라. 譬如明鑑照像之時에 其明이 動否아 不也니라. 不照時에 亦動否아 不也니라 何以故오 爲明鑑用하되 無情明照일새 所以照時도 不動이며 不照하여도 亦不動이니라. 何以故오 爲無情之中에 無有動者며 亦無不動者니라 又如日光이 照世之時에 其光이 動否아 不也니라 若不照時에 動否아 不也니라 何以故오 爲光無情故로 用無情光照일새 所以不動이며 不照亦不動이니라 照者는 是慧요 不動者는 是定이니 菩薩이 用是定慧等法하야 得三菩提故로 云定慧等用이 卽是解脫也니 今言無情者는 無凡情이요 非無聖情이니라.

○ 밝은 거울에 만상이 비칠 때도 밝음이 움직이지 않고 비추지

않을 때도 움직이지 않습니다. 그것은 밝은 거울이 움직임과 움직이지 않음을 떠나고 비춤과 비추지 않음의 양변을 완전히 떠난 것을 말합니다. 자성이 언제든지 항상하고 여여(如如)해서 거기에는 간격이 없습니다. 이것을 상주법계(常住法界)라 하니 밝은 거울이란 이 상주법계를 비유한 것입니다. 그러므로 자성이 상주법계이고 자성을 내놓고 상주법계가 따로 없습니다.

정(情)이란 뜻을 헤아림[情量], 즉 분별(分別)을 말합니다. '정이 없음'이란 생멸과 분별이 완전히 떨어졌다는 말입니다. 어떤 밝은 거울이든지 모든 것을 비출 때 천차만별로 비추더라도 거기에는 헤아림이 붙으려야 붙을 수 없습니다. 아무리 밝게 비춰도 거기에는 사량분별 등이 다 떨어져서 완전한 무심입니다. 그렇기 때문에 비출 때도 움직이지 않고 비추지 않을 때도 움직이지 않는 것입니다. '정량(情量)이 없다'는 것은 무심을 말하는 것이니 무심 가운데 항사묘용이 나타나 일체를 비추고 무애자재한 용(用)을 쓰되 그 용(用) 가운데 조금도 움직임과 움직이지 않음의 분별이 붙어 있지 않고 움직임과 움직이지 않음을 완전히 떠났으니 움직이더라도 움직이지 않음 그대로이고 움직이지 않는다 해도 움직임 그대로입니다. 결국은 움직임과 움직이지 않음이 무애자재한 것을 말합니다.

빛이 '정이 없음'은 분별을 떠난 무심의 빛이기 때문에 여기에는 움직임도 움직이지 않음도 없다는 것입니다. 그 빛은 비출 때도 움직이지 않고 비추지 않을 때도 움직이지 않는 것이니 여기서 '움직이지 않는다'는 것은 무념을 말한 것입니다. 일체 만물을 비출 때도 무념이고 비추지 않을 때도 무념이며, 움직일 때도 무념이고 움직이지 않을 때도 무념입니다. 그렇게 되면 서로서로 원융무애하여 차조동시(遮照同時)가 되는 것입니다.

'비춤이 지혜'라고 하는 것은 묘용이라는 뜻이며 '움직이지 않음이 선정'이라 하는 것은 진공(眞空)을 말합니다.

정혜등법(定慧等法)이란 선정과 지혜가 같은 법이라는 말이 아닙니다. 선정과 지혜의 두 가지가 있어서 같은 법이라는 뜻이 아니고 선정과 지혜를 함께 가진다[等持]는 뜻입니다. 선정과 지혜가 같은 법이라고 하면 선정과 지혜가 둘이 있음을 표현하는 말이 되어 버립니다. 그렇게 해석하면 선정 즉 지혜이고 지혜가 즉 선정인 정견이 되지 못하는 것입니다. 여기서 말하는 것은 선정이 즉 지혜이고 지혜가 즉 선정인 정혜등지법을 써서 삼먁삼보리를 얻는다는 것입니다. 이렇게 해석해야만 앞에서 말한 '선정과 지혜를 함께 씀을 해탈이라 한다' 함과 '선정과 지혜를 함께한 법을 써서 삼먁삼보리를 얻는다' 함과 같은 뜻이 되는 것입니다. 그리하여 삼먁삼보리와 해탈이 표현은 달라도 내용은 똑같습니다. 여기서 말하는 '정이 없다'고 하는 것은 무념으로써 일체 망념 즉 생멸의 차별이 없다는 것이지 진여의 진념 곧 무분별인 묘용이 없다는 말은 아닙니다.

"어떤 것이 범부의 정이며 어떤 것이 성인의 정입니까?"

"만약 두 가지 성품을 일으키면 곧 범부의 정이요 두 가지 성품이 공(空)하기 때문에 곧 성인의 정이니라."

問 云何是凡情이며 云何是聖情고

答 若起二性하면 即是凡情이요 二性空故로 即是聖情이니라.

○ 있음과 없음·선과 악·고와 낙 등 일체 변견에 머물러 있으면 범인의 정이 되어서 공(空)도 모르고 색(色)도 모르게 됩니다. 그리고 두 가지 성품이 공해서 양변을 떠난 중도를 정등각한 것이 성인의 정이 됩니다.
불교 교리의 천마디 만마디 말 전체가 모두 중도에 입각하였음을 내가 많이 설명했는데, 이 『돈오입도요문』의 근본도 전체가 두 가지 성품이 공한 중도에 입각해 있기 때문에 결론은 항상 두 가지 성품이 공하다는 것으로 내려지는 것입니다.

22. 언어도단심행처멸(言語道斷心行處滅)

"경에 이르기를, '언어의 길이 끊어지고 마음 가는 곳이 없어진다'고 하니 그 뜻이 어떠합니까?"

"말로써 뜻을 나타냄에 뜻을 얻으면 말이 끊어지니 뜻이 곧 공함이요 공함이 곧 도인지라, 도는 곧 말이 끊어진 까닭에 언어의 길이 끊어졌다고 하느니라.

마음 가는 곳이 없어진다고 하는 것은 중도실제의 뜻을 얻어서 다시 관(觀)을 일으키지 않음을 말함이니 관을 일으키지 않으므로 곧 나는 것이 없음[無生]이니라. 나는 것이 없는 까닭에 곧 모든 색의 성품이 공한 것이니 색의 성품이 공한 까닭에 곧 만 가지 인연이 함께 끊어짐이요, 만 가지 인연이 함께 끊어짐이 곧 마음 가는 곳이 없어진 것이니라."

問 經云 言語道斷心行處滅이라 하니 其義如何오

答 以言顯義에 得義言絕하야 義卽是空이요 空卽是道라 道卽是絕言故로 云言語道斷이니라. 心行處滅은 謂得義實際更不起觀이니 不起觀故로 卽是無生이라 以無生故로 卽

一切色性空이니 色性空故로 卽萬緣이 俱絶이요 萬緣俱絶者는 卽是心行處滅이니라.

○ 깨달음에는 모든 설명하는 말길이 전부 끊어지고, 사량하는 분별심[心行]이 전부 없어져 버립니다. 왜냐하면 불교의 근본 진리인 두 가지 성품이 공한 중도의 자성이라는 것은 언어로 표현하려야 표현할 수 없고 보통 분별로 생각하려야 할 수 없다는 것입니다. 그래서 그 진리 자체는 언어의 길이 다 끊어지고 마음 가는 곳이 없다고 말하는데 그 뜻이 어떠한가 하는 물음입니다.

부처님께서 『법화경(法華經)』에 이르시기를, '일체 만법의 적멸한 모양은 말로 표현할 수 없으니 방편의 힘으로 다섯 비구를 위해 설하느니라[諸法寂滅相不可以言宣 以方便力故 爲五比丘說]'라고 하신 말씀이 불교에서 '언어의 길'이 발단된 근본 시초입니다. 그러므로 일체 언어란 방편인 줄 알아야지 이것이 실다운 것인 줄 알면 달은 보지 못하고 달을 가리키는 손가락 끝만 보게 되고 맙니다. 본래 진여자성 그 자체는 언설이 다 끊어진 것이지만 방편의 힘으로 모든 것을 설명하여 중생으로 하여금 대법을 깨치고 그것을 실행하도록 하신 것입니다.

여기서 말하는 공(空)이란 최상승인 불공(不空)의 공(空)인 중도의 공이지 소승의 견해인 편공(偏空)이나 외도의 견해인 단공(斷空)의 공(空)이 아닙니다. 중도의 공이란 자성 진여의 진공(眞空)입니다. 진공이란 일체 언설이 다 끊어져서 언설로는 도저히 설명할 수 없는데, 방편으로 언설을 가지고 공을 설명하고 공을 깨치게 한 것입니다. 공을 깨치고 나면 언설이 모두 끊어지지 않으려야 않을 수 없으니 이것이 도(道)이며 진여이며 돈오인 것입니다. 그래서 우리가 자성을 돈오할 것 같으면 모든 언설이 다 끊어지지 않을 수 없는 것입니다.

심행(心行), 곧 마음 가는 것이란 모든 사량이든지 사량이 아니든지, 분별이든지 무분별이든지 전체가 심행(心行)입니다. 분별하는 것만을 심행(心行)이라 한다면 곤란합니다. 여기서 '마음 가는 곳이 없어진다'는 것은 제6식의 분별심행도 다 끊어지고 제8아뢰야식의 무분별심행도 다 끊어진 것을 말하는 것입니다.

그렇게 해야만 진여본성을 깨치는 것이지 제8아뢰야식의 무분별심행에 그대로 머물러 있을 것 같으면 진여본성은 영원히 깨치지 못하게 되고 도(道)는 성취되지 못하는 것입니다.

실제(實際)란 중도실제(中道實際) · 진여실제(眞如實際) · 보리 · 열반 · 깨침 · 부처라고 하기도 합니다. 그래서 누구든지 실제인 진여자성을 확철히 깨칠 것 같으면 다시 관(觀)을 일으키지 않으니 이것이 '남이 없음'이며 만 가지 인연이 함께 끊어지게 되는 것입니다. 그래서 이것을 언어의 길이 끊어지고 마음 가는 곳이 없어진다고 하는 것입니다. 언어의 길이 끊어진 곳이 바로 마음 가는 곳이 없어진 곳이며 마음 가는 곳이 없어진 곳이 바로 언어의 길이 끊어진 곳이지, 두 가지로 표현했다고 해서 따로따로 있는 줄 알면 안 됩니다.

마음 가는 곳이 없음을 확철히 깨치면 언어의 길이 끊어지고 언어의 길이 끊어지면 마음 가는 곳이 없어지지 않으려야 않을 수 없습니다. 왜냐하면 진여본성이란 언어의 길이 끊어진 동시에 마음 가는 곳이 없고, 마음 가는 곳이 없는 동시에 언어의 길이 끊어진 것이니, 이것은 진여본성 중도자성을 그대로 표현한 것입니다.

23. 여여(如如)

"여여(如如)란 어떤 것입니까?"
"여여란 움직이지 않는다는 뜻이니 마음이 진여인 까닭에 여여라고 하느니라. 과거 모든 부처님들도 이 여여행을 행해서 성도하셨고, 현재의 부처님도 이 여여행을 행해서 성도하시고, 미래의 부처님도 이 여여행을 행해서 또한 성도하실 것이니, 삼세에 닦아 증한 바의 도가 다름이 없으므로 여여라 함을 알지니라. 『유마경』에 이르기를, '모든 부처님들도 또한 같으며 미륵에 이르러도 또한 같으며 내지 일체 중생에 이르러도 모두 같다. 왜냐하면 불성이란 끊어지지 않고 있는 성품이기 때문이라'고 하였느니라."

問 如如者는 云何오
答 如如는 是不動義니 心眞如故名如如也니라. 是知過去諸佛도 行此行하야 亦得成道며 現在佛도 行此行하야 亦得成道며 未來佛도 行此行하야 亦得成道니 三世所修證道도 無異故로 名如如也니라 維摩經云 諸佛도 亦如也며

至於彌勒도 亦如也며 乃至一切衆生도 悉皆如也니 何以故오 爲佛性이 不斷有性故也니라.

○ 여여란 언어의 길이 끊어지고 마음 가는 곳이 없어진 그것을 여여(如如)라 하니 여여란 진여(眞如)입니다.
'움직이지 않는다[不動]'는 것은 절대로 변동이 없는 것을 가리키는 말이니 설사 자성 가운데 항사묘용이 원만구족하여 천차만별의 모든 분별을 내며 천 번 만 번 움직이는 대활동을 한다 하여도 실제로는 자성에 아무런 동요가 없습니다. 다만 조금이라도 변천이 있고 동요가 있으면 참으로 대법을 깨친 것이 아닙니다. 그러나 움직이지 않는다고 해서 무슨 바윗덩어리나 쇳덩이같이 꼼짝 않고 죽은 것을 말하는 것은 결코 아닙니다. 무한한 활동을 하지만 아무리 활동하여도 생멸이 아닌 진여묘용이기 때문에 움직이는 가운데 움직이지 않음이 있고 움직이지 않는 가운데 움직임이 있어서 움직임과 움직이지 않음이 서로 둘이 아니고 무애자재합니다. 왜냐하면 자성이란 진여이므로 일체 명상이 다 끊어진 동시에 일체 만법이 원만구족해서 무애자재하므로 여여라 하는 것입니다. 그러므로 과거·현재·미래의 부처님들도 모두 이 마음이 진여인 행을 행해서 성도하는 것이니 이것을 여여라고 표현하는 것입니다.
『유마경』에 말씀한 바와 같이 모든 부처님의 자성이나 미륵보살의 자성이나 중생의 자성이 조금도 차이가 없어 그 진여자성은 불생불멸이며, 모든 부처님에 있어서도 증감이 없고 중생에 있어서도 증감이 없는 여여(如如)한 그대로여서 무애자재한 진여묘용은 조금도 차이가 없는 것입니다. 그 까닭은 불성이란 끊어지지 않고 있는 성품이기 때문인 것이니 '끊어지지 않고 있는 성품'이란 삼세를 통하여 변하고 바뀜이 없는 것이니 상주법계(常住法界)라는 말입니다. 여기서 말하는 '있는 성품[有性]'이란 생멸인 유무(有無)의 있음[有]이 아니고 중도의 있음[有], 곧 제법실상(諸法實相)을 말하는 것입니다. 변견에 떨어진 상대 대립으로써의 유무(有無)의 있음[有]이 아니며 단멸의 있음[有]이 아닙니다.

앞에서 말했듯이 불성(佛性)이란 있음[有]도 아니고 없음[無]도 아닌 동시에, 또한 있음[有]이며 또한 없음[無]이어서 있음[有]과 없음[無]이 합하는 것입니다. 여기서 '있는 성품[有性]'이란 또한 있고 또한 없음[亦有亦無]의 있는 성품이지 절대로 생멸적인 유무의 있는 성품[有性]이 아니며, 있음[有]과 없음[無]이 서로 원융무애한 있음[有]인 것입니다. 그래서 무애진여를 불성이라 하는 것이니 이것을 여여라 하기도 하고 부처라 하기도 하고 열반이라 하기도 하고 도(道)라 하기도 하는 것입니다. 그래서 앞에서 말한 '언어의 길이 끊어지고 마음 가는 곳이 없어졌다'는 것이 곧 진여인 것이니, 진여는 여여해서 과거·현재·미래의 모든 부처님과 역대의 조사가 이것을 깨치고 이것을 성취하였지 이것 내놓고 절대로 다른 것은 없으므로 여여라고 표현하지 않으려야 않을 수 없다는 말입니다.

24. 즉색즉공(卽色卽空)

"색에 즉하고 공에 즉하며 범에 즉하고 성에 즉함이 돈오입니까?"
"그러하니라."

問 卽色卽空하고 卽凡卽聖이 是頓悟否아
答 是니라.

○ 여기서는 긍정적인 면에서만 하는 말입니다. 즉색즉공(卽色卽空)이란 색이 즉 공이고 공이 즉 색이라는 색과 공이 원융무애한 것을 말한 것이고, 즉범즉성(卽凡卽聖)이라는 것은 범부가 즉 성인이고 성인이 즉 범부라는 것으로써, 이는 범부와 성인이 무애자재함을 말한 것입니다. 이렇게 되면 색즉시공(色卽是空) 공즉시색(空卽是色)이며 범즉시성(凡卽是聖) 성즉시범(聖卽是凡)이니 돈오할 것 같으면 쌍차가 곧 쌍조가 되어서 원융무애하지 않으려야 않을 수 없습니다.

"어떤 것이 색에 즉하고 공에 즉함이며 어떤 것이 범부에 즉하고 성인에 즉한 것입니까?"

"마음에 물듦이 있음이 곧 색이요 마음에 물듦이 없음이 곧 공이며, 마음에 물듦이 있음이 곧 범부요 마음에 물듦이 없음이 곧 성인이니라. 또한 진공묘유이므로 곧 색이요 색을 얻을 수 없으므로 곧 공이니, 지금 공이라고 말한 것은 이 색의 성품이 스스로 공함이요 색이 없어져서 공한 것은 아니니라. 지금 색이라고 하는 것은 이 공의 성품이 스스로 색이요, 색이 능히 색인 것은 아니니라."

問 云何是卽色卽空이며 云何是卽凡卽聖고

答 心有染이 卽色이요 心無染이 卽空이며 心有染이 卽凡이요 心無染이 卽聖이니라 又云 眞空妙有故로 卽色이요 色不可得故로 卽空이니 今言空者는 是色性이 自空이요 非色滅空이며 今言色者는 是空性自色이요 非色能色也니라.

○ '마음에 물듦이 있다[心有染]' 하니 이것은 생멸의 물듦이 있는 것이 아닌가 할지 모르나 이것은 생멸의 물듦을 말하는 것이 아닙니다. 앞 단에서 말한 '끊어지지 않고 있는 성품[不斷有性]'이란 변견에 떨어져 있는 성품이 아니며 유무(有無)의 있는 성품[有性]이 아니고 양변이 완전히 통한 중도의 있는 성품[有性]이라고 하였듯이, 이 단에서는 돈오를 분명히 말하고 있으므로 생멸의 뜻으로 하는 말이 아니라 중도의 뜻으로 말하는 것입니다.

이 '물듦이 있다[有染]'는 것은 변견적인 생멸의 물듦이 있는 것이 아니라 진여묘용의 활동을 가지고 말하는 것으로써 묘유(妙有)의 있음[有]입니다. 이렇게 묘유의 있음[有]인 줄 알아야지 생멸의 있음[有]인 줄 알면 이 뜻을 모르는 사람입니다. 이렇게 '물듦이 있음[有染]'이란 묘유의 있음[有]인데 이것을 색(色)이라고 하는 것이니 이 색은 묘색(妙色)입니다. 앞에서도 여래묘색신(如來妙色身)이라는 말을 했는데 여기서의 이 색도 묘색을 말하는 것으로써 있음[有]이 곧 공이고 공이 곧 있음[有]인 중도의 색인 것입니다. 이것을 즉색즉공(卽色卽空)이라 한 것이니 차별적인 생멸의 있음[有]을 가지고 말하게 되면 색과 공이 둘이 되어 돈오라고 할 수 없고 깨달음이 아니며 중도가 아닙니다.

물듦이 있음[有染]과 물듦이 없음[無染]이 생멸의 있고 없음[有無]이 아니고 중도의 무애자재한 있고 없음[有無]인 줄 알면 범부와 성인이 서로 통하고 있음과 없음이 서로 통하는 것입니다.

진공묘유이기 때문에 색(色)이라는 것은 묘색이며 묘색이란 생멸의 색이 아니기 때문에 색을 아무리 찾아보려야 찾아볼 수 없다는 것입니다. 색을 찾아볼 수 있다면 이것은 생멸의 세계이지 묘유의 색이 아니며 중도의 색이 아닙니다. 그러므로 공이란 진공의 공이요 있음[有]이란 묘유의 있음[有]이므로 공과 있음이 서로 융통자재한 것입니다.

'공이란 색의 성품이 스스로 공함이요 색이 없어져서 공한 것이 아니다' 함을 잘못 알게 되면 불교에 대해서 큰 착각을 일으키게 됩니다. 공이라고 해서 일체 색이 다 없어지는 것을 공이라고 하면 외도의 견해인 단멸의 공이 되고 중도정견의 공이 되지 못합니다.

색도 '공한 성품'이 스스로 색이지 색 그 자체로서 색이 아니기 때문에, 여기서 말하는 '능히 자체로써의 색[能色]'이라는 것은 생멸의 색을 말하는 것입니다.

이렇게 이해해야 즉색즉공이며 즉범즉성이니 이것은 양변이 완전히 떨어진 중도정견 곧 생멸변견이 아닌 무애자재함에서 말하는 것으로 이 중도정견을 불이법문(不二法門)이라 하기도 하고 묘법이라 하기도 하는 것입니다.

25. 진(盡)과 무진(無盡)

"경에 이르기를, '다함과 다함 없음의 법문'이란 무슨 뜻입니까?"

"두 가지 성품이 공한 까닭에 보고 들음이 나지 않음이 다함[盡]이니 다함이란 모든 망루(妄漏)가 다함이며, 다함이 없음은 남이 없는 본체 가운데 항사의 묘용을 갖추고 있어서 일을 따라 응하여 나타나서 모두 다 구족하여 본체 가운데에 손감이 없음을 다함이 없다고 하는 것이니, 이것이 곧 다함과 다함 없음의 법문인 것이니라."

問 經云 盡無盡法門如何오
答 爲二性空故로 見聞無生이 是盡이니 盡者는 諸漏盡이요 無盡者는 於無生體中에 具恒沙妙用하야 隨事應現하야 悉皆具足하야 於本體中에 亦無損減이 是名無盡이니 卽是盡無盡法門也니라.

○ '남이 없다[無生]'라고 하는 것은 제8아뢰야식의 미세망념까지

전체가 모두 끊어진 청정자성 자체를 말하는 것이니 일체 망루가 다 끊어지면 청정자성인 진여본성을 보지 않으려야 않을 수 없습니다. 이것을 다함[盡]이라고 했습니다. 일체 망루가 다한 청정자성체 가운데는 항사의 묘용이 갖추어져 있어서 손감이 없으며 불생불멸이기 때문에 미래겁이 다하도록 상주불멸하니 이것을 다함이 없다[無盡]고 하는 것입니다.

곧 자성청정(自性淸淨)이 다함이며 자성묘용(自性妙用)이 다함 없음인 것입니다. 그러나 자성청정이 따로 있고 자성묘용이 따로 있느냐면 그렇지 않습니다. 자성청정 이대로 자성묘용이고 자성묘용 이대로가 자성청정인 것입니다.

"다함과 다함 없음이 하나입니까, 다릅니까?"
"본체는 하나이나 말하면 다름이 있느니라."

問 盡與無盡이 爲一가 爲別가
答 體是一이나 說卽有別이니라.

"본체가 이미 하나일진댄 어째서 다름을 말씀하십니까?"
"하나라 함은 말의 본체[體]요 말함은 본체의 작용이니, 일을 따라서 응용하는 까닭에 본체는 같으나 말함은 다르다고 하는 것이니라.
비유하면 천상의 한 해[日] 아래 여러 가지 그릇들을 놓아두고 물을 채우면 하나하나의 그릇 가운데에 모두 해가 있어서,

모든 그릇 가운데의 해가 다 원만하여 하늘 위의 해와 아무런 차별이 없는 까닭에 본체는 같다고 말하는 것이요, 그릇에 따라 이름을 세워서 곧 차별이 있으므로 다른 것이니라. 그러므로 본체는 같으나 말하면 다름이 있다고 하느니라.

그릇에 나타난 모든 해가 모두 원만하여 하늘의 본래 해와 또한 손감이 없는 까닭으로 다함이 없다고 하느니라."

問 體旣是一인댄 云何說別고

答 一者는 是說之體요 說是體之用이니 爲隨事應用故로 云體同說別이니라. 喩如天上一日下에 置種種盆器盛水하면 一一器中에 皆有於日하야 諸器中日이 悉皆圓滿하야 與天上日로 亦無差別故로 云體同이요 爲隨器立名하야 卽有差別일새 所以有別이니라 故云體同이나 說卽有別이라 하니 所現諸日이 悉皆圓滿하야 於上本日에 亦無損減故로 云無盡也니라.

○ 그릇에 있는 해나 하늘의 해가 서로서로 구별이 없는 것이니 같음이 곧 다름이고 다름이 곧 같음이어서 하나와 다름이 원융무애한 것입니다.

26. 불생불멸(不生不滅)

"경에 이르기를, '나지도 않고 없어지지도 않는다'고 하시니 어떤 법이 나지 않으며 어떤 법이 없어지지 않는 것입니까?"
"착하지 않음이 나지 않음이요, 착한 법은 없어지지 않느니라."

問 經云 不生不滅이라 하니 何法不生이며 何法不滅고
答 不善이 不生이요 善法이 不滅이니라.

"어떤 것이 착함이며 어떤 것이 착하지 않음입니까?"
"착하지 않음이란 염루심(染漏心)이요 착한 법이란 염루심이 없음이니 다만 염루가 없으면 곧 착하지 않음이 나지 않음이며, 염루가 없음을 얻었을 때에 곧 청정하고 둥글고 밝아 담연히 항상 고요해서 마침내 움직이지 않으므로 착한 법이 없어지지 않는다고 하는 것이니 이것이 곧 나지도 않고 없어지지도 않느니라."

問 何者善이며 何者不善고

答 不善者는 是染漏心이요 善法者는 是無染漏心이니 但 無染無漏하면 卽是不善不生이며 得無染無漏時에 卽淸淨 圓明하야 湛然常寂하야 畢竟不遷일새 是名善法不滅也니 此卽是不生不滅이니라.

○ 염루심(染漏心)이란 차별심·분별심입니다. 염루심이란 8식(八識) 전체를 말하는 것이니 그것이 완전하게 끊어질 것 같으면 8식 전체가 나지 않아 무생법인을 증하게 되니 이것이 '나지 않음[不生]'인 것입니다. 거기서 항사묘용이 다함 없이 현전하니 이것을 '없어지지 않음[不滅]'이라 하는 것입니다. 일체 망념, 분별심이 다 끊어진 것을 나지 않는다고 하니 이것이 무생법인이며 남이 없음이며 자성청정입니다. 자성청정이 될 것 같으면 항사묘용이 원만구족하니 이것이 없어지지 않음인 것입니다. 결국은 자성청정이 항사묘용이고 항사묘용이 자성청정이어서 이것을 돈오요 부처요 견성이요 열반이라 하는 것입니다.

27. 불계(佛戒)는 청정심(淸淨心)

"『보살계』에 이르기를, '중생이 부처님 계를 받으면 곧 모든 부처님의 지위에 들어가는지라 지위가 대각과 같아서 참으로 부처님의 아들이다'라고 하시니 그 뜻이 어떠합니까?"

"부처님의 계란 청정한 마음이니 만약 어떤 사람이 발심하여 청정행을 수행하여 받는 바가 없는 마음을 얻은 사람은 부처님의 계를 받았다고 하느니라.

과거의 모든 부처님도 다 청정하여 받음이 없는 행을 닦아서 불도를 이룬 것이니, 지금 어떤 사람이 발심하여 받음이 없는 청정행을 닦는 사람은 곧 부처님과 더불어 공덕을 균등하게 써서 다름이 없느니라. 그러므로 모든 부처님 지위에 들어간다고 말하는 것이니 이렇게 깨달은 사람은 부처님과 더불어 깨달음이 같으므로 지위가 대각과 같아서 참으로 모든 부처님의 아들이라고 하는 것이니라. 청정한 마음으로부터 지혜가 나는지라 지혜가 청정함을 이름하여 모든 부처님의 아들이라고 하며, 또한 이 부처님의 아들이라고 하느니라."

問 菩薩戒云 衆生이 受佛戒하면 卽入諸佛位라 位同大覺已하야 眞是諸佛子라 하니 其義云何오

答 佛戒者는 淸淨心이 是也니 若有人이 發心하야 修行淸淨行하야 得無所受心者는 名受佛戒也니라. 過去諸佛이 皆修淸淨無受行하야 得成佛道하니 今時에 有人이 發心修無受淸淨行者는 卽與佛功德等用하야 無有異也니라. 故云入諸佛位也니 如是悟者는 與佛悟同故로 云位同大學已하야 眞是諸佛子라 하니 從淸淨心生智하야 智淸淨이 名爲諸佛子며 亦名此佛子니라.

○ 부처님 지위에 들어간다는 것은 성불한다는 뜻입니다. 중생이 성불하여 대각을 성취하면 부처님과 같은데 왜 부처님 아들이라고 하느냐 하는 것이 문제인데, 이것은 본말(本末)이 융통한 데서 하는 말입니다. 부처님 아들이 곧 묘각이고 묘각이 곧 부처님 아들이어서 진공묘유의 원융무애한 곳에서 하는 말입니다. 왜냐하면 중생이 모든 부처님 지위에 들어가면 지위가 없어지는 것이니, 부처님과 중생 사이에 간격이 있거나 차별이 있는 데서 말함이 아니라 자유자재한 곳에서 말하기 때문입니다. 그러므로 대각이 부처님 아들이고 부처님 아들이 대각인 것입니다.

제일 문제가 되는 것은 부처님 계를 받는다고 했으니 어떤 것이 부처님 계율이냐 하는 것입니다. 십중대계(十重大戒) 이것을 부처님 계라 해야 될 것인가, 아니면 사바라이(四波羅夷) 이것을 부처님 계라 해야 될 것인가, 아니면 사십팔경계(四十八輕戒)를 부처님

계라고 해야 될 것인가 하는 것입니다. 만약 십중대계라는 이름, 사바라이라는 이름, 사십팔경계라는 이름에 따라갈 것 같으면 부처님 계라는 것은 영원히 모르게 되고 말 것입니다. 부처님 계를 받는다고 하니 어떤 것을 받아들이는 것으로 생각하면 부처님 계를 영원히 배반하고 마는 것입니다.

'받지 않는 마음'이 무엇인가 하면 부처도 받아들이지 않고, 조사도 받아들이지 않으며, 마구니도 받아들이지 않고, 외도도 받아들이지 않으며, 나아가서는 일체를 다 받아들이지 않는다는 것입니다. 이것을 또한 '머묾이 없는 마음[無住心]'이라 하는 것이니 거기에는 일체가 머물지 못하는 것입니다. 곧 자성이 청정한 진여본성에는 부처도 거기 가서 머물지 못하고, 조사도 거기 가서 머물지 못하고, 중생도 거기 가서 머물지 못하고, 외도도 거기 가서 머물지 못하는 것입니다. 일체가 머물지 못하기 때문에 청정하여 때가 없다[淸淨無垢]고 하는 것입니다. 때[垢]가 없다는 것은 진여본성을 가리킴이니 부처님 계를 받는다 하는 것은 중생이 공부를 해서 진여본성, 즉 자성청정심을 완전히 증함으로써 부처님 계를 받는다고 하는 것이지, 언어문자로써 단순히 고기를 먹지 말라, 술을 먹지 말라, 간음하지 말라 하는 등의 말을 듣는 것이 부처님 계를 받는 것이 아닙니다.

이 단에서 쓰이는 받을 수(受)자를 머물 주(住)자로 보면 더 이해하기 쉽습니다. 무수행(無受行), 받음이 없는 행은 무주행(無住行), 머묾이 없는 행으로 바꿔 보면 훨씬 이해하기 쉽습니다.

부처님 계율을 받는다는 것은 자성청정심을 확철히 깨쳐서 수용자재함에 있는 것이지 언어문자로 표현된 계의 이름에 있는 것이 아닙니다.

대각이란 부처님을 가리킨 것이니 자성청정심을 깨치면 대각의 부처님과 조금도 다름이 없으므로 대각은 높고 부처님의 아들은 낮은 것이 아닙니다. 다시 말하자면 아버지가 곧 아들이요 아들이 곧 아버지로서 근본이 곧 지말이고 지말이 곧 근본으로 본말(本末)이 원융무애해서 융통자재함을 의미하는 만큼 부처님 아들이라 해도 괜찮고 대각이라 해도 괜찮은 것입니다.

'청정한 마음을 좇아서 지혜가 난다' 함은 청정한 마음에서 일체종지(一切種智)가 현발한다는 것입니다. 이 청정한 마음에는 일체가 서지 못하여 한 포기 풀도 나지 않으니 이것을 심청정(心淸淨)이라 하며, 지혜가 난다는 것은 심광명(心光明)을 말하는 것이니 청정한 마음의 묘용입니다. 청정한 마음에서 지혜가 남은 본체를 따라 활동을 나타내는 것[從體現用]이니 청정한 마음 그 자체에서 묘용인 일체지가 나타남이며, 지혜가 청정함은 활동을 따라 본체를 아는 것[從用見體]이니 일체종지가 청정한 마음에 서 있는 것입니다. 그렇기 때문에 묘용 이대로가 청정한 마음이고 청정한 마음 이대로가 묘용이며, 지혜가 곧 청정한 마음이며 청정한 마음이 곧 지혜인 것입니다.

다시 말하면 진여본성, 곧 자성청정심을 확철히 깨친 것을 부처님 계를 받았다 하고, 확철히 깨친 사람을 부처님 계를 받은 사람이라고 하는 것이니 이렇게 알면 대주스님의 뜻을 바로 안 것이 됩니다.

28. 불(佛)과 법(法)의 선후(先後)

"부처님과 법에 있어서 부처님이 앞입니까, 법이 앞입니까? 만약 법이 앞이라고 하면 법은 어찌 부처님께서 말씀하신 바이며, 만약 부처님이 앞이라고 하면 어떤 가르침을 이어받아서 도를 이룬 것입니까?"

"부처님은 법보다 앞에 있기도 하고 법의 뒤에 있기도 하느니라."

問 只是佛之與法이 爲是佛在先가 爲是法在先가 若法在先이면 法是何佛所說이며 若佛在先이면 承何敎而成道오.

答 佛은 亦在法先이며 亦在法後니라.

○ 법이 먼저라면 법은 부처님이 말씀하신 것이니 부처님이 말씀하신 것 내놓고 법이란 없는 것이며, 부처님이 먼저라면 누구든지 성불하려면 법에 의지해서 법을 깨쳐야 그렇지 않고는 성불할 수 없는데 부처님은 무엇을 의지해서 성불하셨겠느냐는 물음

입니다. 곧 부처님과 법의 선후가 어찌 되느냐는 물음입니다. 부처님이 먼저 있었다 해도 안 되고 법이 먼저 있었다 해도 안 되는 것입니다. 이것을 어떻게 해결하느냐 하는 것이 이 단의 문제입니다.

이런 어구들을 보고 보통 사람들은 흔히 선가에서는 궤변설을 많이 한다고들 말합니다. 순전히 모순된 표현을 쓰기 때문입니다. 앞에 있으면 분명히 앞에 있고 뒤에 있으면 분명히 뒤에 있는 것이지 어떻게 앞에도 있을 수 있고 뒤에도 있을 수 있느냐는 말입니다. 그러나 법을 모르는 사람이 그런 말을 하는 것이지 법을 아는 사람에게는 그런 의혹이 없습니다.

"어찌하여 부처님과 법에 앞뒤가 있습니까?"

"만약 적멸법(寂滅法)에 의거하면 법이 앞이요 부처님이 뒤이며, 문자법에 의거하면 부처님이 앞이요 법은 뒤이니라. 왜냐하면 일체 모든 부처님이 모두 적멸법에 의해서 성불을 했으므로 곧 법이 앞이요 부처님은 뒤이니, 경에서 이르기를, '모든 부처님의 스승됨은 이른바 법이다'라고 하였느니라. 성도하고 나서 비로소 『십이부경』을 널리 설하여 중생을 인도하여 교화하시니 중생이 부처님 법의 가르침을 받아서 수행하여 성불하므로 곧 부처님이 앞이요 법은 뒤인 것이니라."

問 因何佛法先後오
答 若據寂滅法이면 是法先佛後요 若據文字法이면 是佛

先法後니 何以故오 一切諸佛이 皆因寂滅法而得成佛일새 卽是法先佛後니 經云 諸佛所師는 所謂法也니라. 得成道已하야 然始廣說十二部經하야 引化衆生하니 衆生이 承佛法敎하야 修行得成佛일새 卽是佛先法後也니라.

○ 적멸법이란 자성청정을 말하니 자성이 고요하고 고요해서 일체 만법이 거기 서지 못함을 말합니다. 곧 법이 스승이라고 할 때 그 법은 적멸법을 말하며 성도하신 뒤 연설하신 십이부경은 문자법이 됩니다.

29. 설통(說通)과 종통(宗通)

"어떤 것이 설법은 통하고 종취는 통하지 못한 것입니까?"
"말과 행동이 서로 틀림이 곧 설법은 통하고 종취는 통하지 못한 것이니라."
"어떤 것이 종취도 통하고 설법도 또한 통한 것입니까?"
"말과 행동이 차이가 없음이 곧 설법도 통하고 종취도 또한 통한 것이니라."

問 云何是說通宗不通고
答 言行相違卽是說通宗不通이니라.
問 云何是宗通說亦通고
答 言行無差가 卽是說通宗亦通이니라.

○ 종(宗)이란 진여 자체, 청정자성을 말한 것이며 말[說]이란 항사묘용, 지혜를 말한 것입니다. 항사묘용 내놓고 청정자성이 없고 청정자성 내놓고 항사묘용이 없으니, 종이 곧 말이고 말이 곧 종이어서 말과 행동이란 것도 언제든지 융통합니다. 그래서 종을

확실히 통하면 말도 통하는 것이며 말을 확실히 통하면 종도 통하는 것인데 혹 중생이 오해할까봐 이런 분별을 가지고 말씀한 것이지 실제에 있어서는 종(宗)과 말이 둘이 아닌 줄 알아야 합니다.

30. 도(到)와 부도(不到)

"경에 이르기를, '이르되 이르지 않고 이르지 않되 이른 법'이란 무엇입니까?"

"말은 이르러도 행은 이르지 못함이 이르렀으나 이르지 못함이요, 행은 이르러도 말은 이르지 못함이 이르지 않되 이른 것이며, 행과 말이 함께 이름이 '이르고 이름'이라고 하느니라."

問 經云 到不到不到到之法云何오

答 說到行不到가 名爲到不到요 行到說不到가 名爲不到到요 行說俱到가 名爲到到니라.

○ 이른다[到]는 말은 어디 갔다는 뜻이니 서울 갔다는 말이고, 이르지 않음[不到]이란 못 갔다, 서울 못 갔다는 말이며, 이르지 않고 이른다[不到到] 함은 못 갔는데 갔다, 서울 못 갔는데 서울 갔다는 말입니다. 이것은 진여자성을 아주 깊이 깨쳐야 알지 깨치기 전에는 모르는 것입니다.

『열반경』 제19권에 '이르지 않고 이른다[不到到], 이르지 않고 이르지 않는다[不到不到], 이르러도 이르지 못한다[到不到], 이르고 이른다[到到]'라는 네 가지 법을 말하고 있습니다. 이 단에서는 '부도부도(不到不到)'가 빠졌는데 '행과 말이 같이 이르지 못함[行說俱不到]'을 말합니다.

여기서는 행과 말을 가지고 논하는데 행은 할 수 있으면서 말은 할 수 없고, 말은 할 수 있으면서 행은 할 수 없다면 이것이 불법이 될 수 있느냐는 것입니다. 곧 분명히 말하자면 분명히 알기 전에는 말할 수 없는 것이고, 분명히 행한다면 말도 마음대로 할 수 있다는 것입니다.

중도에 입각해서 해석해 본다면 이르지 못함[不到]이란 쌍차로써 일체 언설이 다 떨어진 청정 자체, 적멸 자체를 말하며, 이른다[到] 함은 쌍조로써 일체 언설을 무애자재하게 쓰는 것을 말합니다.

진공(眞空)을 이르지 못함[不到]이라 하고 묘유(妙有)를 이른다[到]고 합니다. 실제에 있어서 행동 다르고 말 다르고 한 것이 아니라 원융무애한 줄 알면 됩니다. 이것을 확철히 알려면 화두참선을 부지런히 해서 자성을 바로 깨쳐야지 바로 깨치기 전에는 아무 소용이 없습니다. 『열반경』에서 말씀한 이 네 가지 이름[四到]은 유명한 법문입니다. 이것을 알면 임제스님의 사료간(四料簡)도 알 수 있고 쌍차쌍조도 다 알 수 있는 것입니다.

31. 부진유위(不盡有爲)며
　　부주무위(不住無爲)

"불법은 유위(有爲)에도 다하지 않고 무위(無爲)에도 머물지 않는다 하니 어떤 것이 유위에도 다하지 않고 무위에도 머물지 않은 것입니까?"

"유위에도 다하지 않는다 함은 처음 발심으로부터 드디어 보리수 아래에서 등정각을 이루시고 마침내 쌍림에 이르러 열반에 드실 때까지 그 가운데 일체법을 모두 다 버리지 않음이 곧 유위(有爲)에도 다하지 않는 것이니라. 무위(無爲)에도 머물지 않는다 함은 비록 무념을 닦는다 할지라도 무념으로 증함을 삼지 않으며, 비록 공을 닦으나 공으로 증함을 삼지 않으며, 비록 보리·열반·무상·무작을 닦으나 무상·무작으로 증함을 삼지 않음이 곧 무위에도 머물지 않은 것이니라."

問 佛法은 不盡有爲며 不住無爲하니 何者是不盡有爲며 何者是不住無爲오

答 不盡有爲者는 從初發心으로 至菩提樹下成等正覺하야 後至雙林入般涅槃히 於中에 一切法을 悉皆不捨卽是

不盡有爲也오 不住無爲者는 雖修無念이나 不以無念으로 爲證하며 雖修空이나 不以空爲證하여 雖修菩提涅槃無相無作이나 不以無相無作으로 爲證이 卽是不住無爲也니라.

○ '유위(有爲)에도 다하지 않고 무위(無爲)에도 머물지 않는다'는 말씀은 있음[有]도 버리지 않고 없음[無]도 취하지 않는다는 뜻이니 이러한 뜻을 물음으로써 무위와 유위를 밝혀 주는 것입니다. '유위에 다하지 않는다' 함은 있음[有]을 버리지 않는다는 것이니 그렇다고 생멸의 있음[有]을 버리지 않는다는 것이 아닙니다. 부처님 생활 전체가 진여대용이지 생멸법은 아닙니다. 그렇기 때문에 일체만법이 원만구족하여 한 법도 버리려야 버릴 것이 없다는 뜻입니다.

'무위에도 머물지 않는다' 함은 없음[無]도 취하지 않는다는 것입니다. 무념을 닦는다 해도 무념으로써 깨침을 삼지 않는다는 것입니다. 무념이라 하니 무슨 물건과 같아 그걸 하나 집어서 이 사람도 주고 저 사람도 주고 자기의 호주머니에도 넣고 할 수 있는 그런 것이 아닙니다. 이 무념이라는 것은 명상(名相)도 찾아볼 수 없고 사량으로 생각할 수 없으며 부처도 전할 수 없고 조사도 전할 수 없는 것이며, 전할 수 없는 가운데 분명히 또 전하는 것이니 이것이 우리 불법에 있어서 부사의묘법(不思議妙法)인 것입니다.

'유위에 다함이 없음'은 묘유이니 아무리 항사묘용을 쓰더라도 한 법도 버리려야 버릴 수 없고, '무위에 머물지 않음'은 진공이니 여기에 한 법도 세우려야 세울 수 없는 것입니다. 그러므로 유위가 즉 무위이고 무위가 즉 유위이며, 생사가 즉 열반이고 열반이 즉 생사이며, 제불이 즉 중생이고 중생이 즉 제불로써 서로 융통자재하는 것입니다. 그러나 이것은 양변을 여읜 두 가지 성품이 공한 중도에서 하는 말이지, 중도를 성취하지 못하고 진여정각을 이루지 못한 사람에게 있어서는 유위는 유위고 무위는 무위여서 영원히 서로 통하지 못합니다.

32. 지옥유무(地獄有無)

"지옥이 있습니까, 지옥이 없습니까?"
"있기도 하고 또한 없기도 하느니라."
"어째서 있기도 하고 또한 없기도 합니까?"
"마음을 따라 짓는 바 일체 악업이 곧 지옥이 있음이요, 만약 마음이 물들지 않으면 자성이 공한 까닭에 곧 지옥이 없느니라."

問 爲有地獄가 爲無地獄가
答 亦有亦無니라.
問 云何亦有亦無오
答 爲隨心所造一切惡業이 卽有地獄이요 若心無染하면 自性이 空故로 卽無地獄이니라.

○ 마음이 일체 망념을 따라 모든 악업을 지으면 분명히 지옥이 있고, 마음이 일체 망념을 다 끊어서 청정하면 자성이 공하여 일체 상대를 찾아볼 수 없으니 지옥이 없습니다. 우리가 공부를 성

취해서 자성을 완전히 깨치고 보면 지옥이 없고 중생이 망념으로 엎치락뒤치락 업만 지으면 지옥이 분명히 있습니다.

33. 중생(衆生)과 불성(佛性)

"죄를 지은 중생도 불성이 있습니까?"
"또한 불성이 있느니라."
"이미 불성이 있을진댄 바로 지옥에 들어갈 때에 불성도 함께 들어갑니까?"
"함께 들어가지 않느니라."
"바로 지옥에 들어갈 때에 불성은 다시 어느 곳에 있습니까?"
"또한 함께 가지고 들어가느니라."
"이미 함께 들어갈진댄 지옥에 들어갈 때 중생이 죄를 받음에 불성도 또한 함께 죄를 받습니까?"
"불성이 비록 중생을 따라 함께 지옥에 들어가지만 중생이 스스로 죄의 고통을 받는 것이요 불성은 원래 고통을 받지 않느니라."

問 受罪衆生도 有佛性否아
答 亦有佛性이니라.

問 旣有不性인댄 正入地獄時에 佛性도 同入否아
答 不同入이니라.
問 正入之時에 佛性이 復在何處오
答 亦同入이니라.
問 旣同入인댄 正入時衆生이 受罪에 佛性도 亦同受罪否아
答 佛性이 雖隨衆生同入이나 是衆生이 自受罪苦요 佛性은 元來不受니라.

○ 지옥·천당은 중생의 업연(業緣)으로 지옥·천당이 있는 것이지 자성에 있어서는 지옥·천당이 없습니다. 중생이 아무리 자기 업연으로 지옥에 가고 지옥고를 받는다 해도 지옥고는 업이 업으로 받는 것이기 때문에 자성과는 아무런 관계가 없습니다. 그러니 아무리 천당에 있다 해도 불성은 천상낙을 받지 않는 것이고 아무리 지옥에 있다 해도 불성은 지옥고를 받지 않는 것입니다. 왜냐하면 천당이니 지옥이니 하는 것은 중생 업연의 환(幻)이지 실제는 아니기 때문입니다.

"이미 함께 지옥에 들어갔을진댄 무엇 때문에 지옥고를 받지 않습니까?"
"중생이란 모양[相]이 있음이니 모양이 있는 것은 이루어지고 무너짐이 있음이요, 불성이란 모양이 없음이니 모양이 없는 것은 곧 공한 성품이니라. 그러므로 진공의 성품은 무너짐이 없는 것이니라. 비유하면 어떤 사람이 허공에 땔나무를 쌓으면 땔나무는 스스로 무너지나 허공은 무너지지 않음과 같으니 허공은 불성에 비유하고 땔나무는 중생에 비유한 것이니, 그러므로 함께 들어가나 함께 받지 않는다고 하느니라."

問 旣同入인댄 因何不受오
答 衆生者는 是有相이나 是相者는 卽有成壞요 佛性者는 是無相이니 無相者는 卽是空性也라. 是故로 眞空之性은 無有壞者니라 喩如有人이 於空에 積薪하면 薪自受壞요 空不受壞也니 空喩佛性이오 薪喩衆生이니 故로 云同入而不同受也니라.

○ 모양[相]이란 업연이며 이루어지고 무너짐[成壞]이란 생멸입니다. 그러므로 중생은 업연이 있으므로 생멸이 있고 불성은 업연이 없으므로 생멸이 없습니다. 그래서 중생이 지옥에 들어가면 중생업으로 인해 모양이 있으므로 무너지고 이루어짐이 있어서 지옥고를 받으나, 중생의 불성은 모양이 없으므로 이루어지고 무너짐이 없어서 거기에 조금도 영향을 받지 않습니다.

중생의 업이란 생멸이 있어 시작이 있고 끝이 있으니 천당에 가서 낙을 받기도 하고 지옥에 가서 고를 받기도 하지만, 불성, 근본자성은 생멸이 없어 시작이 없고 끝이 없으니 천당에 가서 낙을 받아도 아무 영향이 없고 지옥에 가서 고를 받아도 아무 영향이 없습니다. 그렇기 때문에 같이 들어갔으나 같이 받지 않는다고 한 것이니 같이 받지 않기 때문에 들어가지 않는 것과 똑같은 것입니다. 설사 고를 받는다 해도 중생업이 받는 것이지 불성이 받는 것이 아니라고 하면 두 갈래가 나는 것 같지만 이것은 중생을 위해서 하는 말입니다.

그러므로 확철히 깨쳐서 '무명의 실다운 성품이 곧 불성이요 허깨비 같은 빈 몸이 법신[無明實性卽佛性이요 幻化空身卽法身]'이라는 것을 바로 알면 이것은 일종의 웃음거리가 되고 말 것입니다.

34. 삼신사지(三身四智)

"팔식(八識)을 돌이켜서 네 가지 지혜를 이루며 네 가지 지혜를 묶어서 삼신(三身)을 이룬다 하니, 몇 개의 식이 한 지혜를 함께 이루며 몇 개의 식이 한 지혜를 홀로 이루는 것입니까?"

"눈·귀·코·혀·몸의 이 다섯 식이 함께 성소작지를 이루고 제6식은 의식이니 홀로 묘관찰지를 이루고 제7심식은 홀로 평등성지를 이루고 제8함장식은 홀로 대원경지를 이루느니라."

"이 네 가지 지혜는 각각 다른 것입니까, 같은 것입니까?"

"본체는 같으나 이름이 다르니라."

問 轉八識成四智하며 束四智成三身이라 하니 幾箇識이 共成一智며 幾箇識이 獨成一智오

答 眼耳鼻舌身의 此五識이 共成成所作智요 第六이 是意니 獨成妙觀察智요 第七心識은 獨成平等性智요 第八含藏識은 獨成大圓鏡智니라.

問 此四智爲別가 爲同가

答 體同名別이니라

○ 네 가지 지혜를 진여자성 가운데서 분별하여 말한 것이지 진여자성 내놓고 네 가지 지혜가 따로 없는 것입니다. 오식, 육식, 칠식, 팔식을 가지고 설명을 하자니 네 가지 지혜라고 표현하지 않을 수 없지만, 통팔식(通八識) 전체가 모두 끊어져서 자성청정심을 깨치고 구경각을 성취할 것 같으면 모두가 다 하나인 데서 하는 말이지 서로 다른 것이 아닙니다. 다만 중생이 알기 쉽게 하기 위해서 이런 명상(名相)을 세워서 설명할 뿐입니다.

"본체가 이미 같을진댄 어째서 이름이 다르며, 이미 일을 따라 이름을 세울진댄 바로 하나의 본체일 때에 어떤 것이 대원경지입니까?"

"담연히 공적하여 둥글고 밝아 움직이지 않음이 곧 대원경지요, 능히 모든 육진에 대하여 사랑함과 미움을 일으키지 않음이 곧 두 가지 성품이 공함이니 두 가지 성품이 공함이 곧 평등성지요, 능히 모든 육근의 경계에 들어가 잘 분별하되 어지러운 생각을 일으키지 않고 자재를 얻음이 곧 묘관찰지요, 능히 모든 육근으로 하여금 일을 따라서 응용하여 모두 정수(正受)에 들어가서 두 가지 모양이 없음이 곧 성소작지니라."

問 體旣同인댄 云何名別이며 旣隨事立名인댄 正一體之時에 何者是大圓鏡智오

答 湛然空寂하야 圓明不動이 卽大圓鏡智요 能對諸塵하야 不起愛憎이 卽是二性空이니 二性空이 卽平等性智요 能入諸根境界하야 善能分別하되 不起亂想而得自在가 卽是妙觀察智요 能令諸根으로 隨事應用하야 悉入正受하야 無二相者卽是成所作智니라.

○ 제8식을 돌이켜서 대원경지가 되는데 제8아뢰야식은 보통으로는 망념이지만 제6에서 볼 때는 공공적적(空空寂寂)입니다. 그러나 만약 제8아뢰야식에 머물 것 같으면 공에 빠지고 고요함에 머물게 되는 것[沈空滯寂]이니 그것까지도 벗어나야만 진공의 공적(空寂), 곧 대적멸처 대적정처를 성취하게 됩니다. 이것을 담연히 공적(空寂)하다고 합니다. 담연히 공적하다고 하여 캄캄하여 아무것도 없는 공적뿐이냐 하면 그렇지 않고 여기에서는 참으로 항사묘용이 원만구족하고 세 가지 몸과 네 가지 지혜가 뚜렷이 밝아 있습니다. 그렇기 때문에 담연히 공적한 본체에서 묘용이 일어나는 것을 둥글고 밝다[圓明]고 하는 것입니다. 그러나 묘용이 활동할 때 어떤 움직임이 있느냐 하면 움직임이 없습니다. 아무리 항사묘용이 발현해서 미래겁이 다하도록 쓸지라도 조금도 움직임이 없이 담연히 청정하여 삼신사지가 원만구족하므로 이것을 대원경지라고 하는 것입니다.

모든 육진을 대할 때 사랑하고 미워하는 두 견해가 나지 않음은 대무심을 말하는 것이니, 이와 같이 일체 양변이 다 떨어진 것을 평등성지라고 합니다.

또한 일체 만법을 분별하여도 분별심이 없음을 묘관찰지라 합니다.

그리고 외부의 일체 만법에 따라서 응용자재하여 두 가지 모양이 없는 것을 성소작지라 합니다. 두 가지 모양이 없다는 것은 양변이 없다는 것입니다. 그러니 두 가지 모양이 없음이 두 가지 성품이 공한 것이고 두 가지 성품이 공함이 두 가지 모양이 없다는 말이니 표현은 달라도 내용은 같습니다.

"네 가지 지혜[四智]를 묶어서 세 가지 몸[三身]을 이룬다 함은 몇 개의 지혜가 함께한 몸을 이루며 몇 개의 지혜가 홀로 한 몸을 이룸입니까?"

"대원경지는 홀로 법신을 이루고 평등성지는 홀로 보신을 이루며 묘관찰지와 성소작지는 함께 화신을 이루니, 이 세 가지 몸도 또한 거짓으로 이름을 세워 분별하여 다만 알지 못하는 사람들로 하여금 보게 한 것이니라. 만약 이 이치를 확실히 알면 또한 삼신의 응용이 없느니라. 왜냐하면 본체의 성품은 모양이 없어서 머뭄이 없는 근본을 좇아서 서니 또한 머뭄이 없는 근본도 없느니라."

問 束四智成三身者는 幾箇智共成一身이며 幾箇智獨成一身고

答 大圓鏡智는 獨成法身이요 平等成智는 獨成報身이요 妙觀察智與成所作智는 共成化身이니 此三身은 亦假立名

字分別하야 只令未解者看이라 若了此理하면 亦無三身應用이니 何以故오 爲體性이 無相하야 從無住本而立하야 亦無無住本이니라.

○ 법신(法身)·보신(報身)·화신(化身), 즉 이 세 가지 몸[三身]이 각각 따로 있는 것이냐 하면 그런 것이 아닙니다. 만약 각각 있다면 사지도 각각 따로 있어야 합니다. 삼신은 각각 따로 있는 것이 아니라 한 몸입니다. 삼신이라 한 것은 거짓으로 이름을 세워 분별함으로써 알지 못하는 사람들을 이해시키기 위함입니다. 만약 이 이치를 알면 삼신을 찾아보려야 찾아볼 수 없는 것입니다.
본래 진여자성이라는 것은 머묾이 없는 근본[無住本]도 없는데 삼신이 어떻게 설 수 있으며 사지(四智)가 어찌 설 수 있겠습니까?
8식을 돌이켜서 사지보리(四智菩提)를 성취하고 사지보리를 묶어서 삼신을 성취한다고 부처님이 말씀하셨지만 그것은 중생이 알아듣지 못하므로 중생을 이해시키기 위해서 세운 방편가설이지 실제는 아닙니다. 왜냐하면 모든 자성은 일체의 명상이 끊어져서 찾아보려야 찾아볼 수 없고 생각하려야 생각할 수 없으니 삼신(三身)을 어디 가서 따로 세우며 사지(四智)를 어디 가서 따로 세우겠습니까?
결국은 머묾이 없는 마음[無住心], 곧 무념심이 사지이고 삼신이지 머묾이 없는 마음, 곧 무념심을 내놓고 사지가 따로 없고 삼신이 따로 없습니다. 그러므로 우리가 삼신사지를 성취하려면 그것들을 따로 구해서는 안 되고 오직 자성청정을 확철히 깨쳐 중도를 정등각해야 합니다. 그렇게 되면 자연히 머뭄이 없는 마음이 되고 무념이 되고 모양이 없음이 되어 삼신사지를 원만구족하게 되니, 이것이 돈오이며 견성인 것입니다.

그러므로 누구든지 문자에 미혹하지 말고 참으로 발본색원하여 자성을 확철히 깨쳐야 할 것입니다.

35. 불진신(佛眞身)

"어떤 것이 부처님의 참된 몸을 보는 것입니까?"
"있음과 없음을 보지 않은 것이 부처님의 참된 몸을 보는 것이니라."
"어째서 있음[有]과 없음[無]을 보지 않음이 부처님의 참된 몸[眞身]을 보는 것입니까?"
"있음[有]은 없음[無]으로 인해서 서고, 없음[無]은 있음[有]으로 인해서 나타나느니라. 본래 있음을 세우지 않으면 없음[無]도 또한 존재하지 않으니 이미 없음[無]이 존재하지 않는데 있음[有]을 어디서 얻을 수 있으리오. 있음과 없음이 서로 인해서 비로소 있으니 모두가 생멸인 것이니라. 다만 이 두 견해를 떠나면 곧 부처님의 참된 몸을 보는 것이니라."

問 云何是見佛眞身고
答 不見有無卽是見佛眞身이니라.
問 云何不見有無卽是見佛眞身고
答 有因無立이요 無因有顯이라 本不立有면 無亦不存이

니 既不存無라 有從何得이리오 有之與無 相因始有하니 既相因而有일새 悉是生滅也라 但離此二見하면 卽是見佛眞身이니라.

○ 이 단의 뜻은 육조스님이 돌아가실 때 중도(中道) 유언을 하신 그 뜻과 같은 것입니다.
생멸법은 상대법이어서 상대가 없으면 서로 존재하지 못합니다. 상대가 있어서 존재하는 것은 생멸법이지 상주법은 아니므로 불법이 아닙니다. 부처님 몸이라는 것은 상주신(常住身)이지 생멸신(生滅身)은 아닙니다. 생멸신은 시작이 있고 끝이 있어서 결국은 무상(無常)으로 돌아가는데, 부처님 몸은 시작이 없고 끝이 없어서 언제나 상주불멸이기 때문에 절대로 상대적인 생멸법으로써는 부처님 몸을 볼 수 없습니다. 그러므로 있음[有]과 없음[無]의 양변을 완전히 떠나 중도를 성취하여야만 부처님의 진신을 볼 수 있는 것이지 중도를 성취하기 전에는 부처님의 진신을 볼 수 없는 것입니다. 그러므로 우리는 부지런히 공부해서 반드시 중도를 정등각하여야 하는 것입니다.

"다만 있음[有]과 없음[無]도 오히려 서로 건립하지 못하거늘 부처님의 진신이 다시 무엇을 좇아서 설 수 있습니까?"
"물음이 있기 때문이니, 만약 묻지 않을 때엔 진신의 이름도 서지 못하느니라. 왜냐하면 비유컨대 밝은 거울이 만약 물건의 모양을 대할 때는 모양이 나타나나 만약 모양을 대하지 않을 때는 마침내 모양을 볼 수 없음과 같으니라."

問 只如有無도 尙不可交建立이어늘 眞身이 復從何而立고
答 爲有問故니 若無問時엔 眞身之名도 亦不可立이니라 何以故오 譬如明鏡이 若對物像時엔 卽現像하나 若不對象時엔 終不見像이니라.

○ 물으니 방편가설로써 있고 없음[有無]을 말하고 진신을 말하는 것이지 실제는 부처도 찾아볼 수 없고 진신도 찾아볼 수 없는 부사의해탈경계(不思議解脫境界)를 부처님의 진신이라고 하는 것입니다.

36. 상불리불(常不離佛)

"어떤 것이 항상 부처님을 떠나지 않은 것입니까?"

"마음에 일어나고 사라짐이 없고 경계를 대하여는 고요하여 어느 때나 필경 공적하면 이것이 곧 항상 부처님을 떠나지 않음이니라."

問 云何是常不離佛고

答 心無起滅하고 對境寂然하야 一切時中에 畢竟空寂하면 卽是常不離佛이니라.

○ 필경공적(畢竟空寂)함이란 대적정삼매(大寂靜三昧)를 말합니다. 우리가 부처님을 보고 못 보는 것은 필경공적인 대적정삼매를 성취하여 증애심(憎愛心)을 완전히 떠나느냐 못 떠나느냐 하는 여기에 달려 있는 것이지 부처님이 딴 곳에 있는 것이 아닙니다. 왜냐하면 부처님 진신(眞身)이란 시방세계에 충만해서 여기서는 보고 저기에서는 보지 못하는 것이 아닙니다. 만약 그렇다면 그것은 생멸신(生滅身)이어서 상주신(常住身)이 아닙니다.

그런데 우리가 부처님 몸을 보지 못하는 것은 망상이 앞을 가려서 보지 못하는 것이므로 망상을 완전히 걷어버리면, 구름이 걷히면 해를 보듯이 부처님을 항상 보아서 부처님 몸을 떠나려야 떠날 수 없습니다. 그러므로 부처님을 항상 보고 부처님의 참된 몸을 떠나지 않으려고 한다면 유무의 양변을 여읜 중도를 정등각해서 기멸심, 즉 생멸심을 완전히 여의어야 하는 것입니다.

37. 무위법(無爲法)

"어떤 것이 무위법(無爲法)입니까?"
"유위법(有爲法)이니라."
"지금 무위법을 물었거늘 어째서 유위라고 답하십니까?"
"있음[有]은 없음[無]으로 인해서 서고, 없음[無]은 있음[有]으로 인해서 나타나느니라. 본래 있음[有]을 세우지 않으면 없음[無]은 어디서 날 것인가? 만약 참된 무위(無爲)를 논할진댄 곧 유위(有爲)도 취하지 않고 또한 무위도 취하지 않음이 참된 무위법이니라. 왜냐하면 경에 이르기를, '만약 법의 모양을 취하면 곧 아상과 인상에 집착하고 만약 법의 모양 아닌 것을 취하여도 곧 아상과 인상에 집착하는 것이니, 그러므로 마땅히 법도 취하지 말고 법 아님도 취하지 말라'고 하시니 이것이 곧 참된 법을 취함이니라. 만약 이 이치를 밝게 알면 곧 참된 해탈이며 둘 아닌 법문을 아는 것이니라."

問 何者是無爲法고
答 有爲是니라

問 今問無爲法이어늘 因何答有爲是오

答 有因無立이요 無因有顯이라 本不立有면 無從何生고 若論眞無爲者인댄 卽不取有爲며 亦不取無爲 是眞無爲法 也니라 何以故오 經云 若取法相하면 卽著我人이요 若取非 法相하야도 卽著我人이니 是故 不應取法이며 不應取非法 이라 하니 卽是取眞法也니라 若了此理하면 卽眞解脫이며 卽 會不二法門이니라.

○ 참된 법[眞法]이란 앞의 진신(眞身)과 마찬가지로 방편으로 참된 법이라 하는 것이니 부사의한 해탈경계 속에서 부득이하여 거짓으로 참된 법이라고 하는 것입니다.

누구든지 유위법도 버리고 무위법도 버리고 법의 모양[法相]도 버리고 법의 모양 아닌 것[非法相]도 버려서 전체를 다 버리면 중도를 정등각하게 됩니다. 그렇게 되면 모든 것이 둘이 아니고 융통자재하여 일체 무애경계가 현전하는 것이니 이것을 참다운 불법의 구경각이라 말할 수 있는 것입니다.

38. 중도(中道)

"어떤 것이 중도의 뜻입니까?"
"가[邊]의 뜻이니라."
"지금 중도를 물었거늘 무엇 때문에 가[邊]의 뜻이라고 답하십니까?"
"가[邊]는 가운데[中]로 말미암아 서고, 가운데[中]는 가[邊]로 말미암아 나느니라. 만약 본래 가[邊]가 없으면 가운데[中]는 무엇을 따라 있으리오. 지금 가운데[中]라고 하는 것은 가[邊]로 말미암아 비로소 있는 것이므로 가운데[中]와 가[邊]가 서로 인하여 서 있어서 모두가 항상함이 없음[無常]을 알지니 색·수·상·행·식도 이와 같으니라."

問 何者是中道오
答 邊義是니라.
問 今問中道어늘 因何答邊義是오
答 邊因中立이오 中因邊生이라 本若無邊하면 中從何有리오 今言中者는 因邊始有故로 知中之與邊이 相因而立일

새 悉是無常이니 色受想行識도 亦復如是니라.

○ 참으로 가운데, 곧 중도를 알려면 중도도 버리고 변견도 다 버려야 합니다. 만약 변견을 버리고 중도를 취한다고 하면 이것은 새로운 변견이 됩니다. 우리가 중도를 알려고 하면 중도도 버리고 변견도 버려서 실제로 참된 중도를 정등각해야지, 그렇지 않고 중도만 주장하고 변견을 배격한다면 중도병에 걸려서 진실의 중도는 영원히 모르게 되는 것입니다.

부처님이나 조사들께서도 중도를 가지고 말씀하시는 것은 모든 양변을 여읜 데서 하시는 말씀이지 중도와 변견을 다시 상대로 두고 하신 말씀은 결코 아닙니다.

39. 오음(五陰)

"어떤 것을 오음(五陰)이라 합니까?"
"색을 대하여 색에 물들어 색을 따라 남[生]을 받는 것을 색음(色陰)이라 하며, 팔풍(八風)을 받아들인 까닭으로 삿된 믿음을 즐겨 모아서 받아들임에 따라 남[生]을 받는 것을 수음(受陰)이라 하며, 미혹한 마음이 생각을 취하여 생각을 따라 남[生]을 받는 것을 상음(想陰)이라 하며, 모든 행을 결집하여 행을 따라 남[生]을 받는 것을 행음(行陰)이라 하며, 평등한 본체에 망령되이 분별을 일으키고 얽매어 붙어서 허망한 의식이 남[生]을 받는 것을 식음(識陰)이라고 하는 것이니 그러므로 오음이라고 말하느니라."

問 何名五陰等고
答 對色染色하야 隨色受生이 名爲色陰이요 爲領納八風하야 好集邪信하야 卽隨領納受生이 名爲受陰이요 迷心取想하야 隨想受生이 名爲想陰이요 結集諸行하야 隨行受生이 名爲行陰이요 於平等體에 妄起分別繫著하야 虛識受生

이 名爲識陰이라 故云五陰이니라.

○ 객관적인 색이 근본이 되어 모든 생각이 색에 얽매여 자재하지 못함을 색음(色陰)이라 합니다. 여기서 팔풍은 객관적인 대상을 예를 들어 말한 것이니, 일체 객관적인 존재를 받아들여 삿된 믿음이 모이게 되어 그것을 받아들임에 따라 생활하는 것을 수음(受陰)이라고 합니다. 오음을 순서대로 보면 수음이란 주관에서 객관을 받아들이는 것을 말합니다. 색음과 수음을 떠나서 독자적인 마음이 주관에 입각해서 분별망상이 주체가 되어 모든 활동이 전개됨을 상음(想陰)이라고 합니다. 그리고 주관과 객관이 전체로 통합해서 모든 행을 행하는 것을 행음(行陰)이라고 합니다. 다시 평등한 본체에 망념을 일으켜 분별하고 얽매여 허망한 식으로 생활함을 식음(識陰)이라고 합니다.

이 단에서 대주스님이 해석하는 오음이 경에서 말씀하시는 오음하고는 좀 다른 면이 있다 해도 융통자재한 깨친 경계에 입각해서 설명하는 것입니다. 그러므로 보통의 오음 행상을 말하는 것이 아니므로 자성을 깨치고 보면 분명히 이러한 해석이 나올 수 있는 것입니다.

40. 이십오유(二十五有)

"경에 이르기를, '이십오유(二十五有)'라고 하니 어떤 것입니까?"

"뒤의 몸을 받는 것이 이십오유(二十五有)이니, 뒤의 몸[後有身]이란 곧 육도에 생을 받는 것이니라. 중생이 현세에 마음이 미혹하여 기꺼이 모든 업을 맺어 뒤에 업을 따라 생(生)을 받는 까닭에 뒤가 있다[後有]고 하느니라. 세상에 만약 어떤 사람이 구경해탈을 닦을 뜻을 품고 무생법인을 증득하면 곧 삼계를 영원히 떠나서 후유(後有)를 받지 않나니, 후유(後有)를 받지 않는 사람은 곧 법신(法身)을 증득함이요 법신이란 곧 불신(佛身)이니라."

問 經云 二十五有라 하니 何者是오

答 受後有身이 是也니 後有身者는 卽六道受生也라 爲衆生이 現世心迷하야 好結諸業하야 後卽隨業受生故로 云後有也니라 世若有人이 志修究竟解脫하야 證無生法忍者는 卽永離三界하야 不受後有하나니 不受後有者는 卽證法身이

오 法身者는 卽是佛身이니라.

○ 후유(後有)나 후유신(後有身)은 내생(來生)입니다. 이 내생이라는 것은 격생(隔生), 즉 죽어서 다시 태어나는 것만이 내생이 아니고 우리의 찰나찰나 현재 이대로가 내생입니다. 현전하는 바로 앞의 생각이 전생(前生)이고 지금의 생각이 금생(今生)이고 현재의 바로 뒷생각이 내생(來生)입니다. 한 생각[一念]에서 육도(六道)에 생을 받는 것이지 이것을 내놓고 육도에 생을 받음이 없습니다. 그러므로 누구든지 공부를 부지런히 해서 삼계(三界)의 이십오유의 근본 망념을 완전히 타파하여 무생법인을 깨쳐 구경해탈을 얻으면 영원토록 삼계에서 이십오유를 받지 않는 것입니다.

"이십오유의 이름을 어떻게 분별합니까?"
"본체는 하나이지만 씀에 따라 이름을 세워서 이십오유를 나타내니 이십오유는 십악과 십선과 오음이니라."

問 二十五有名을 云何分別고
答 本體是一이어늘 爲隨用立名하야 顯二十五有니 二十五有는 十惡十善과 五陰이 是니라.

○ 이십오유(二十五有)를 이렇게 설명하면 경에서 말씀하신 이십오유와는 전혀 틀리는데 대주스님은 어찌해서 이렇게 말씀하셨겠습니까? 대주스님이 경에서 말씀하신 삼계의 이십오유를 모르

고 하신 말씀이 아니라 삼계 이십오유의 근본이 십악·십선·오음에 입각해 있기 때문에 꼭 경에서 말씀하신 삼계 이십오유를 들어 설명할 필요가 없었던 것입니다. 한 생각이 현전하여 행하는 십악과 십선과 오음 이대로가 이십오유로써 이것 이외의 다른 이십오유를 보아서는 안 됩니다. 그렇게 되면 현전하는 십악·십선·오음의 이십오유나 삼계의 이십오유는 표현은 달라도 내용은 똑같습니다. 십악과 십선과 오음이 근본이 되어 삼계의 이십오유가 벌어지는 것이고 삼계의 이십오유가 벌어지는 내용은 십악과 십선과 오음의 활동에 있는 것입니다. 그렇기 때문에 근본을 들어 말할 때는 십악과 십선과 오음이고 행상(行相)을 들어 말할 때는 삼계의 이십오유임을 알아야 합니다.

"어떤 것이 십악·십선입니까?"
"십악은 죽이는 것, 훔치는 것, 음행하는 것, 거짓말, 아첨하는 말, 이간하는 말, 나쁜 말 내지 탐냄·성냄·삿된 견해이니 이것이 십악이요, 십선이란 단지 십악을 행하지 않는 것이니라."

問 云何是十惡十善고
答 十惡은 殺盜婬과 妄言綺語兩舌惡口와 乃至貪瞋邪見이 此名十惡이요 十善者는 但不行十惡하면 卽是也니라.

○ 이십오유의 체는 하나라고 했으니 십악이나 십선이나 오음이나 전체가 일념심(一念心) 가운데서 하는 말이지 일념심을 내놓고

는 이십오유가 없습니다. 그래서 한 생각[一念]이 이십오유이고 이십오유가 한 생각이어서 이름은 각각 따로 세우지만 그 내용은 한 생각뿐이니 실제로는 이십오유가 없습니다. 일념심(一念心)이란 진여심을 말하는 것이 아니고 통팔식(通八識)의 망념을 말하는 것인 줄 알아야 합니다.

그런데 여기서 이십오유(二十五有)에 대한 대주스님의 해석은 독자적인 것으로 전통 불교의 해석과는 다릅니다. 전통 불교의 이십오유에 대한 법수(法數)는 다음과 같으니 곧 욕계(欲界)·색계(色界)·무색계(無色界)로 나누어져 있는 중생의 삼계(三界)를 말합니다. 그 가운데에서 욕계(欲界)에는 사악취(四惡趣=地獄·餓鬼·畜生·阿修羅)·사주(四洲=東勝身洲·南瞻浮洲·西牛貨洲·北俱盧洲)·육욕천(六欲天=四王天·夜摩天·忉利天·兜率天·化樂天·他化自在天)의 십사유(十四有)가 있고, 색계(色界)에는 초선천(初禪天)·대범천(大梵天)·제이선천(第二禪天)·제삼선천(第三禪天)·제사선천(第四禪天)·무상천(無想天)·오정거천(五淨居天)의 칠유(七有)가 있으며, 무색계(無色界)에는 공무변처천(空無邊處天)·식무변처천(識無邊處天)·무소유처천(無所有處天)·비상비비상처천(非想非非想處天)의 사유(四有)가 있으니 이 모두를 합하여 이십오유(二十五有)라고 하는 것입니다.

41. 무념(無念)과 돈오(頓悟)

1) 무념(無念)

"앞에서 무념을 말씀하셨는데 아직도 다 이해할 수 없습니다."

"무념이란 일체처에 무심함이니 일체 경계가 없어서 나머지 생각으로 구함이 없음이며, 모든 경계와 사물에 대하여 영영 마음이 동요하지 않는 것이 곧 무념이니라. 무념이란 참된 생각[眞念]을 이름함이니 만약 생각으로 생각을 삼는다면 곧 삿된 생각[邪念]이요 바른 생각[正念]이 아니니라. 왜냐하면 경에 이르기를, '만약 사람에게 육념(六念)을 가르치면 생각이 아님[非念]이다'라고 하나니, 육념이 있으면 삿된 생각[邪念]이요 육념이 없으면 곧 참된 생각[眞念]이라 하느니라. 경에 이르기를, '선남자야, 우리가 무념법(無念法) 가운데 머물러서 이와 같은 금색의 삼십이상을 얻어 큰 광명을 놓아서 세계를 남김없이 비추나니, 이 불가사의한 공덕은 부처님이 설명하여도 오히려 다 할 수 없는데 하물며 나머지 승(乘)들이 능히 알 수 있으리오' 하였느니라. 무념을 얻은 사람은 육근(六根)이 물들지 않은 까닭으로 자연히 모든 부처님 지견에 들어가나니, 이러한 법을 얻은 사람은 부처님 곳집이며 또 법의 곳집이라 하니 곧 능히 일체가 부처이며 일체가 법이니라. 왜냐하면 무념인 까닭이니 경에 이르기를, '일체 모든 부처님들이 모두 이 경으로부터 나오신다'고 하였느니라."

問 上說無念하되 猶未盡決이로다.

答 無念者는 一切處에 無心이 是니 無一切境界하야 無餘思求是며 對諸境色하야 永無起動이 是卽無念이니라 無念者는 是名眞念也니 若以念爲念者는 卽是邪念이요 非爲正念이니 何以故오 經云 若敎人六念하면 名爲非念이라 하니 有六念하면 名爲邪念이요 無六念者는 卽眞念이니라 經云 善男子야 我等이 住於無念法中하야 得如是金色三十二相하야 放大光明하야 照無餘世界하나니 不可思議功德은 佛說之하야도 猶不盡이온 何況餘乘能知也리오 得無念者는 六根이 無染故로 自然得入諸佛知見이니 得如是者는 卽名佛藏이며 亦名法藏이라 卽能一切佛이며 一切法이니 何以故오 爲無念故로 經云 一切諸佛等이 皆從此經出이라 하니라.

○ 돈오의 내용이 무념(無念)을 근본으로 하므로 무념을 완전히 성취하면 이것이 성불이고 견성이고 구경각이고 해탈이고 열반

돈오입도요문론 강설·171

이라고 지금까지 많이 말해 왔습니다. 그래서 누구든지 이 돈오의 근본 내용 전체를 다 알려면 무념의 내용을 확실히 알아야 하는 것이지 무념의 내용을 확실히 모를 것 같으면 『돈오입도요문』의 근본을 모르게 되는 것입니다. 그렇기 때문에 다시 무념에 대해서 설명을 더 하는 것입니다.

일체처(一切處)란 모든 장소 모든 공간을 말하는데 일체처라고 해서 장소에만 국한된 것이 아니고, 일체시 즉 모든 시간도 다 포함하는 것이니 일체처란 말 속에는 시간·공간의 의미가 다 내포되어 있는 것입니다. 그러므로 무념이란 일체처 일체시에 모든 무심함을 뜻합니다. 무심이란 주관적으로는 내 마음속에 일체 망념이 다 떨어져서 청정무구하여 일체의 바깥 경계를 대할 때 물들지 않고 동요하지 않음을 말합니다. 그리하여 안의 마음[內心]과 바깥의 경계[外色]가 함께 동요하지 않고 물들지 않음을 무념의 경계, 무심의 경계라고 하는 것이니, 무심이 되면 팔풍에 움직이지 않고 일체에 자유자재하므로 이것을 돈오라고 합니다. 무념이란 곧 선악도 버리고 시비도 버리고 유무도 버리고 모든 차별을 버린 것을 말합니다. 이렇게 되면 이것을 진념이라 하고 보리라고 하니 진여정념(眞如正念)을 말합니다. 그러나 무념이라고 해서 생각이 아무것도 없는 목석과 같은 단멸공이 아니라 항사묘용이 원만구족하여 수용자재함을 말하는 것이니 진념이란 모든 망념을 떠난 진여대용을 말합니다.

육념(六念)이란 부처님을 생각[念佛]하고, 법을 생각[念法]하고, 승가를 생각[念僧]하고, 계율을 생각[念戒]하고, 보시를 생각[念施]하고, 하늘을 생각[念天]하는 여섯 가지 생각을 말합니다. 다른 것은 쉽게 이해가 되지만 하늘을 생각한다고 하는 하늘이라는 것은 천상(天上)이 아니냐고 볼 수도 있지만, 불교에서는 부처님을 하늘 가운데 하늘[天中天]이라고 표현합니다. 그러므로 하늘이라고 하는 것은 가장 높은 곳, 다시 말하면 구경열반과(究竟涅槃果)를 말하는 것이지 천상(天上)만 가지고 말하는 것이 아닙니다. 천상(天上)만을 목적으로 삼는다면 불법(佛法)이 아닙니다. 왜냐하면 천상(天上)이란 업을 따라가서 나는 생멸법(生滅法)의 세계이기 때문입니다.

그러므로 여기서 육념(六念)이란 열반과(涅槃果)까지 말하는 것이지만 색계(色界)에서 보면 모두 생멸법입니다. 진실로 청정한 무념에서 볼 때는 모두가 생멸이지 실제의 진념(眞念)은 아닙니다. 그래서 누구든지 진념을 성취하려면 부처란 생각도 버리고 법이라는 생각도 버리고 승이라는 생각도 버리고 계라는 생각도 버리고 보시라는 생각도 버리고 천상천하에 유아독존한 비교할 수 없는 높은 것도 버려서 조금이라도 얽매여서는 안 됩니다.

불교에서 말하는 무념이란 세간법도 출세간법도 버리고 유위법도 무위법도 버리는 것을 말하는 것이지, 유위법은 버리고 무위법을 취하거나 세간법을 버리고 출세간법을 취하는 것을 말하지 않습니다. 그러므로 육념이 있으면 삿된 생각이고 육념이 없으면 진념인 것입니다.

'무념법 가운데 머물러서 금색의 삼십이상을 갖추어 큰 광명을 놓아 시방세계를 다 비춘다'고 하는 것은 무념이란 부처님의 마음자리를 그대로 말씀하신 것입니다. 그 마음자리의 공덕이라는 것은 부처님이 아무리 미래겁이 다하도록 설명한다 하여도 티끌

만큼도 설명할 수 없는 것이고 이것을 누구에게 전해 주려고 해도 전해 줄 수 없는 것입니다. 그러면 우리가 어떻게 해야만 부처님의 마음자리인 무념을 알 수 있느냐 하면 열심히 공부해서 모든 망념을 제거하여 진여본성을 확철히 깨쳐 돈오해야만 이 불가사의한 해탈경계를 알고 그 공덕을 알 수 있는 것입니다.

경에 이르기를, '모든 부처님께서 이 경을 좇아서 나온다' 하는 이 '경'은 진여자성 즉 무념을 말하는 것으로써, 부처님 말씀을 적어 놓은 종이조각을 말하는 것은 아닙니다. 만약 종이조각에 쓴 글자만 '경'이라고 한다면 이것은 사마외도(邪魔外道)로 떨어져 불법을 영원히 모르고 맙니다. 그러므로 부처님이 말씀한 이 '경'을 알려면 무념을 깨쳐야 하는 것입니다.

"이미 무념이라고 하면서 부처님 지견에 들어간다고 하니 다시 무엇을 좇아 세웁니까?"

"무념을 좇아서 세우니 무슨 까닭인가? 경에 이르기를, '머뭄이 없는 근본을 좇아서 일체법을 세운다'고 하였고, 또 이르기를, '비유컨대 밝은 거울과 같다'고 하였으니 거울 가운데 비록 모양이 없으나 능히 만 가지 모양이 나타남이니라. 왜냐하면 거울이 밝은 까닭에 능히 만 가지 모양이 나타나느니라. 배우는 사람의 마음이 물들지 않은 까닭에 망념이 나지 않고 아인심(我人心)이 없어져서 필경 청정하니 청정한 까닭으로 능히 한량없는 지견이 나느니라. 돈오란 금생을 떠나지 않고 곧 해탈을 얻으니 무엇으로써 그것을 아는가? 비유컨대 사자새끼가 처음 태어날 때도 사자인 것과 같으니 돈오를 닦는 사람도 또한 이와 같아서 돈오를 닦을 때에 곧 부처님 지위에 들어가느니라. 마치 대나무가 봄에 순이 나서 그 봄을 여의지 않고 곧 어미 대나무와 같게 되어 함께 다름이 없는 것과 같음이니, 왜냐하면 마음이 공하기 때문이니라."

問 旣稱無念하야 入佛知見이라 復從何立고
答 從無念立이니 何以故오 經云 從無住本하야 立一切法이라 又云喩如明鑑이라 鑑中에 雖無像而能現萬像이니 何以故오 爲鑑明故로 能現萬像이니라 學人이 爲心無染故로 妄念이 不生하고 我人心이 滅하야 畢竟淸淨하니 以淸淨故로 能生無量知見이니라 頓悟者는 不離此生하고 卽得解脫이니 何以知之오 譬如師子兒 初生之時에 卽眞師子라 修頓悟者도 亦復如是하야 卽修之時에 卽入佛位니라 如竹春生筍하야 不離於春하고 卽與母齊하야 等無有異니 何以故오 爲心空故니라

2) 돈오(頓悟)

"돈오를 닦는 사람도 또한 이와 같아서 순식간에 망념을 없애 고 영원히 아인심(我人心)을 끊어서 필경 공적하여 부처님과 같게 되어 다름이 없는 까닭에 범부가 성인이라고 하느니

라. 돈오를 닦는 사람은 이 몸을 떠나지 않고 곧 삼계를 뛰어나나니 경에 이르기를, '세간을 무너뜨리지 않고 세간을 뛰어나며 번뇌를 버리지 않고 열반에 들어간다'고 하였느니라.

돈오를 닦지 않는 사람은 마치 여우가 사자를 따라 쫓아다녀서 백천 겁을 지나더라도 마침내 사자가 되지 못하는 것과 같느니라."

修頓悟者도 亦復如是하야 爲頓除妄念하고 永絕我人하야 畢竟空寂하야 卽與佛齊하야 等無有異故로 云卽凡卽聖也니라 修頓悟者는 不離此身하고 卽超三界니 經云 不壞世間而超世間하며 不捨煩惱而入涅槃이라 하니라. 不修頓悟者는 猶如野干이 隨逐師子하야 經百千劫하야도 終不得成師子니라.

3) 진여(眞如)와 무심(無心)

"진여의 성품은 실로 공한 것입니까, 실로 공하지 않은 것입니까? 만약 공하지 않다고 말하면 곧 모양이 있는 것이요 만약 공하다고 말하면 곧 단멸이니, 일체 중생이 마땅히 무엇을 의지해서 닦아야 해탈을 얻을 수 있습니까?"

"진여의 성품은 공하면서 또한 공하지 않느니라. 왜냐하면 진여의 묘한 본체는 형상이 없어서 얻을 수 없으므로 또한 공하다고 하느니라. 그러나 공하여 모양이 없는 본체 가운데에 항사묘용이 구족하여 곧 사물에 응하지 않음이 없으므로 또한 공하지 않다고 하느니라. 경에 이르기를, '하나를 알면 천 가지가 따라오고 하나가 미혹하면 만 가지가 미혹한다' 하니, 만약 사람이 하나를 지키면 만 가지 일을 마치는 것이니 이것이 오도(悟道)의 묘함이니라. 경에 이르기를, '삼라만상이 한 법의 도장 찍힌 바이다'라고 하니 어떻게 해서 한 법 가운데에서 갖가지 견해가 나오는 것인가?

이러한 공업(功業)은 행함으로 말미암아 근본이 되니 만약 마음을 항복받지 않고 문자를 의지해서 증득하려 하면 옳지 못함이라. 자기도 속이고 남도 속여서 피차가 함께 떨어질 것이니 노력하고 노력하여 자세히 그것을 살필지니라.

다만 일이 닥쳐옴에 받아들이지 않아 일체처에 무심함이니 이렇게 얻은 사람은 열반에 들어 무생법인을 증득하느니라. 이것을 불이법문이라 하며 또 다툼이 없다고 하며 일행삼매라고 하나니, 왜냐하면 필경 청정하여 아상과 인상이 없는 까닭이니라. 애증을 일으키지 않음이 두 가지 성품이 공함이며 보는 바가 없음이니, 곧 이것이 진여의 얻음이 없는 변론이니라."

又問 眞如之性은 爲實空가 爲實不空가 若言不空이면 卽是有相이오 若言空者인댄 卽是斷滅이니 一切衆生이 當依何修而得解脫고.

答 眞如之性은 亦空亦不空이니 何以故오 眞如妙體는 無

形無相하야 不可得也일새 是名亦空이라 然이나 於空無相體中에 具足恒沙之用하야 卽無事不應일새 是名亦不空이니라 經云 解一卽千從이오 迷一卽萬惑이라 하니 若人이 守一하면 萬事畢이니 是悟道之妙也니라 經云 森羅及萬像이 一法之所印이라 하니 云何一法中而生種種見고 如此功業은 由行爲本이니 若不降心하고 依文取證하면 無有是處라 自誑誑他하야 彼此俱墮니 努力努力하야 細細審之하라. 只是 事來에 不受하야 一切處에 無心이니 得如是者는 卽入涅槃하야 證無生法忍이니라. 亦名不二法門이며 亦名無諍이며 亦名一行三昧니 何以故오 畢竟淸淨하야 無我人故니라 不起愛憎이 是二性空이며 是無所見이니 卽是眞如無得之辯이니라.

○ 진여자성을 돈오해야 하기 때문에 그 돈오의 내용을 말하지 않을 수 없어서 이렇게 묻는 것입니다.
공이란 진여 자체가 본래 형상이 없어서 부처도 그것을 볼 수 없고 조사도 그것을 볼 수 없습니다. 그렇지만 그것은 아무것도 없는 단멸이 아니라 항사의 묘용이 구족해서 미래겁이 다하도록 우리가 자유자재하게 활용할 수 있으니 이것을 공하지 않다고 하는 것입니다.
진여를 바로 안 사람이면 공함이 공하지 않음이며 공하지 않음이 공함임을 아는 것이니, 공함이나 공하지 않음에 집착되면 중도를 모르는 동시에 진리는 영원히 모르고 돈오도 모르고 무념도 모르는 것입니다. 무념의 없음[無]이란 공함을 말하니 일체가 공하다는 말이며, 생각[念]이란 진여의 바른 생각[正念]이니 공하지 않음을 말하는 것입니다. 그러므로 공함과 공하지 않음이란 무념의 뜻을 표현한 것입니다.

경에 말씀함과 같이 일체만법이 진여묘용 아님이 없기 때문에 한 법을 알면 일체만법을 알 수 있는 것이고 한 법에 미혹하면 일체만법을 모르게 되는 것입니다. 또한 하나를 지키면 만 가지 일을 마치게 되는 것이니 여기서 하나를 지킨다 함은 한 가지 공부만 하라는 것입니다. 한 가지 공부만 할 것 같으면 일체 만사가 성취되지 않음이 없으니 이것이 오도(悟道)의 묘(妙)라는 것입니다. 이 '오도의 묘'라는 말이 무엇을 지적하느냐 하면 일체만법이 모두 진여자성에서 나온 것이고 진여자성의 근본은 바로 무념이라는 것입니다.

우리가 어떻게 공부하든지 무념인 이 진여자성을 확철히 깨치면 일체가 원만구족하여 여기에 한 법을 더하려야 더할 수도 없고 덜려야 덜 수도 없습니다. 그러므로 누구든지 이 공부를 하다가 저 공부를 하다가 갈팡질팡하지 말고 오직 진여본성을 깨치는 무념을 증하는 돈오법문만 의지하여 돈오문에 들어가면 전체가 원만구족하다는 것입니다. 이 공부 저 공부를 겸해서 해야지 그렇지 않으면 원만한 공부를 성취할 수 없지 않나 하는 이런 의심을 다 버리라는 말씀입니다. 우리가 참으로 해탈을 하려고 한다면 언제든지 마음을 닦아서 깨쳐야 되는 것이지 문자를 의지해서 증득하려고 하면 참다운 공부를 성취할 수 없다는 것을 대주스님이 강력히 주장하시는 것입니다.

여기서도 돈오란 양변을 여읜 중도이며 무념이며 구경각이며 성불이며 열반임을 전체적으로 표현하기 위해서 두 가지 성품이 공하다는 것을 가지고 결론짓고 있습니다.

42. 중생자도(衆生自度)

"이 논(論)은 믿지 않는 이에게는 전하지 말며 오직 견해가 같고 행함이 같은 이에게 전할 것이요 마땅히 앞사람이 성실한 신심이 있어 감당하여 물러가지 않는 사람인가를 관찰할 것이니, 이러한 사람을 위해 설명하고 보여 깨닫도록 해야 하는 것이니라. 내가 이 논을 지은 것은 인연 있는 사람을 위함이요 명리를 구하고자 함이 아니니라. 다만 모든 부처님이 말씀하신 바 천 가지 경(經) 만 가지 논(論)은 중생이 미혹하기 때문에 마음과 행동이 한결같지 않아 삿된 것을 따라 대응하여 설명한 것이므로 곧 여러 차별이 있으나, 구경해탈의 이치를 논하는 경우일진댄 다만 일이 다가와도 받지 않고 일체처에 무심하여 영원히 고요함이 마치 허공과 같아서 필경에 청정하여 자연히 해탈할 것이니라. 너희들은 헛된 이름을 구하여 입으로는 진여를 말하되 마음은 원숭이와 같아서는 안 되느니라. 말과 행동이 서로 어긋나서 스스로 속임이니 마땅히 악도에 떨어지느니라. 한 세상의 헛된 이름과 쾌락을 구하지 말라. 모르는 사이에 억겁의 재앙을 받게 되는 것이니 힘쓰고 힘쓸지니라. 중생이 스스로 제도함이요 부처님이 능히 제도하지 못하나니, 만약 부처님이 능히 중생을 제도할 때엔 과거 모든 부처님이 티끌 수와 같아서 일체 중생을 모두 제도하여 마쳤을 것이어늘 무엇 때문에 우리들은 지금까지 생사에 유랑하며 성불하지 못하였는가? 중생이 스스로 제도함이요 부처님이 능히 제도하지 못함을 마땅히 알라. 노력하고 노력하여 스스로 닦아서 다른 부처님의 힘을 의지하지 말지니 경에 이르기를, '무릇 법을 구하는 자는 부처에 집착하여 구하지 말라'고 하였느니라."

此論은 不傳無信이오 唯傳同見同行이니 當觀前人이 有誠信心하야 堪任不退者니 如是之人은 乃可爲說하야 示之令悟니라 吾作此論은 爲有緣人이요 非求名利니라. 只如諸佛所說千經萬論은 只爲衆生이 迷故로 心行不同하야 隨邪應說하야 卽有差別이나 如論究竟解脫理者인댄 只是事來不受하고 一切處無心하야 永寂如空하야 畢竟淸淨하야 自然解脫이니라 汝莫求虛名하야 口說眞如하되 心似猿猴하라 卽言行이 相違하야 名爲自誑이니 當墜惡道니라 莫求一世虛名快樂하라 不覺長劫受殃이니 努力努力이어다 衆生이 自度요 佛不能度니 若佛能度衆生時엔 過去諸佛이 如微塵數하야 一切衆生을 總應度盡이어늘 何故로 我等은 至今流浪生死하야 不得成佛고 當知衆生이 自度요 佛不能度니라

努力努力自修하야 莫倚他佛力이니 經云 夫求法者는 不著佛求라 하니라.

○ 나의 이 법문을 신심 있는 사람에게 전해 주어야지 신심 없는 사람에게는 전해 주지 말라는 대주스님의 말씀입니다. 그러나 대주스님이 이렇게 말씀하신 것은 누구든지 이런 신심을 내어서 부지런히 공부하여 하루빨리 불법을 성취하라는 자비심에서 하신 말씀이지, 신심 없는 사람이라고 무조건 책을 덮어놓고 일러주지 말라는 말씀이 아닙니다. 여기서는 얼른 믿고 공부하려고 하는 사람을 보고 하시는 말씀입니다.

그러면 불법을 믿지 않고 비방하는 사람은 지옥에 가서 영원히 벗어나지 못하게 되는 것이냐 하면, 부처님 말씀은 불법을 비방하는 사람일수록 그 사람에게 불법을 더 많이 설명해 주라는 것입니다. 왜냐하면 그 사람이 불법을 비방하고 비방하지만 결국은 다른 것을 비방하는 것이 아니라 불법을 비방하는 것이므로 그 불법을 비방한 공덕으로 그 사람이 성불하지 않으려야 않을 수 없다는 것입니다. 그래서 불법을 믿는 사람도 성불하게 되고 불법을 비방하는 사람도 성불하게 된다는 것이니 인연 있는 중생도 제도하게 되고 인연 없는 중생도 제도하게 되는 것입니다.

다시 한 번 강조하면 대주스님이 하신 말씀은 이런 불법을 만나게 되거든 어떻게 하든지 용맹심을 내어서 신심을 가지고 열심히 공부해서 하루빨리 깨치라는 경책의 방편으로 하신 말씀이지 진정으로 하신 말씀은 아닌 것입니다.

'중생이 스스로 제도하고 부처님이 제도하지 못하며 스스로 닦고 다른 부처님의 힘을 의지하지 말라'고 하신 것은 의타심을 배격한 말씀입니다. 나의 자성 가운데 일체 만법이 원만구족하여 있는데 다시 딴 곳에 가서 빌 것이 어디 있느냐는 것입니다. 누구든지 자가보장(自家寶藏), 즉 자성이 부처라는 것을 확철히 믿고 철저히 깨달아서 부처도 믿지 말고 달마도 믿지 말고 오직 내 마음만 철저히 믿고 내 마음만 닦아서 자성을 깨치면 그것이 참 부처이니 절대로 남을 믿지 말라는 말씀입니다. 석가모니 부처님이나 달마대사는 우리의 자성이 부처라는 것을 가르쳐 주신 큰 공덕이 있는 분들일 뿐이지 석가불도 중생을 부처로 만들 수 없고 달마대사도 중생을 부처로 만들 수 없고 천불이 출세해도 중생을 제도하지 못합니다. 오직 자기 마음을 바로 보고 자기 마음을 닦아서 스스로 제도하는 자력수행(自力修行)을 대주스님이 강조하신 것이니 이것을 분명히 이해하여야 될 줄로 믿습니다.

43. 동처부동주(同處不同住)

"내세에 있어서는 잡된 배움의 무리가 많을 것인데 어떻게 함께 살겠습니까?"

"다만 그 빛을 온화하게 할 뿐이요 그 업은 같이하지 말지니, 장소는 같이하나 같이 살지는 않느니라. 경에 이르기를, '흐름을 따르나 성품은 항상하다'고 하였느니라. 다만 도를 배우는 사람은 스스로 일대사인연인 해탈의 일을 위할지니, 아울러 처음 배우는 사람을 업신여기지 말고 부처님같이 공경하고 배우며, 자기의 덕을 높이고 남의 능력을 질투하지 말며, 자기의 행동을 살피고 다른 사람의 허물을 들춰내지 않으면, 일체처에 있어서 방해되고 장애됨이 없어 자연히 쾌락할 것이니라.

거듭 게송을 설하여 말하리라.

인욕이 제일의 도라
먼저 아인심을 없앨지니
일이 옴에 받는 바 없으면
참다운 보리의 몸이니라."

問 於來世中에 多有雜學之徒어니 云何共住오

答 但和其光이오 不同其業이라 同處不同住니 經云 隨流而性常也라 하니라 只如學道者는 自爲大事因緣解脫之事니 俱勿輕末學하야 敬學如佛하며 不高己德하고 不疾彼能하며 自察於行하고 不擧他過하면 於一切處에 悉無妨礙하여 自然快樂也니라. 重說偈云 忍辱이 第一道라 先須除我人이니 事來에 無所受하야 卽眞菩提身이로다.

○ 우리들의 목적은 도를 구하여 성불하는 것이지만 우리가 사는 곳은 중생의 세계이기 때문에 영산회상일지라도 용과 뱀이 함께 섞여 사는[龍蛇混雜] 것입니다. 거기에는 참으로 좋은 사람도 있고 나쁜 사람도 있고 승려도 있고 속인도 있고 외도도 있고 해서 여러 가지 근기의 사람들이 함께 모여 사는 것입니다. 그러면 좋은 사람은 좋은 사람들대로 나쁜 사람은 나쁜 사람들대로 따로 분류하여 살아야 하느냐 하면 그렇지는 않습니다. 모여 사는 그 목적이 성불이라는 한 곳에 있으므로 갖가지 근기를 가진 사람들이 같이 모여 사는 이 세상에서 어떻게 살아야만 가장 화합하고 성불의 목적에 맞게 살 수 있느냐는 물음입니다.

화광동진(和光同塵)이라는 말이 있습니다. 자기가 아무리 도덕이 높다 하여도 조금도 꾸밈없이 마음을 낮추어 일체 중생을 섭수하여 함께 생활하는 것을 말합니다. 그러나 중생이 동쪽으로 간다고 자기도 동쪽으로 가고 서쪽으로 간다고 자기도 서쪽으로 가는 것이 아니라, 자기는 오직 바른 길로만 나가고 잘못된 업은 같이 걷지 않는 것입니다. 술을 마시는 사람이 있으면 그 사람과 같이 앉아서 함께 술을 먹으라는 것이 아니라, 술 먹는 사람과 살기는 같이 살지만 그 사람을 버리지 않고 섭수하여 가르쳐서 옳은 길로 끌어 주며 산다는 것입니다. 그것이 같은 처소에서 살기는 살지만 근본 행동은 같이 하지 않는 것이니, 이것은 실제로 공부하는 데 있어서 근본 요령인데 실행하기는 참으로 어렵습니다. 그러나 참으로 공부를 잘 지어 가는 사람은 어떤 곳을 가든지 간에 흐름을 따라서 물들지 않습니다. 술 먹는 사람을 만나 같이 살아도 같이 술을 먹지 않고, 싸움 잘하는 사람을 만나 살아도 싸움을 같이 하지 않고, 그 밖에 각각의 중생의 업을 따라 나쁜 짓을 많이 하는 사람들과 같이 살아도 절대로 그 사람들에게 동화되어 같이 나쁜 짓을 하지 않습니다.

그리하여 처음 도를 배우는 사람들을 부처님같이 공경하고, 아무리 자기가 도덕이 높다 해도 잘난 체 말며, 자기보다 나은 사람을 질투하지 않으며, 자기의 행동만 살피고 남의 허물을 보지 못하고 사는 것이 일대사인연인 해탈을 얻으려는 사람들의 근본자세라는 말씀입니다. 이렇게 살면 어디에 살고 있든지 그 사람은 참으로 극락세계에 사는 사람이며, 그렇지 못하고 항상 너니 나니 하는 잘난 마음으로 다투고 살게 되면 지옥세계에 사는 것입니다.

공부하는 데 도움이 되도록 몇 마디 부연할까 합니다. 우리들이 목표로 하는 것은 돈오법으로 중도를 정등각하여 성불하는 것입니다. 하지만 대중살이에 있어서는 대주스님 말씀을 따라 철두철미하게 마음을 낮추어 남의 허물을 보지 말고 자기 허물만 보아서 모든 일에 물듦이 없이 하고 공부만 부지런히 해야 합니다. 그렇게 공부를 지어 가야만 돈오법을 성취할 수 있는 것입니다.

그런데 흔히 보면 대중에 살면서 자기만 항상 옳고 다른 사람들은 모두 그르다고 생각하여, 저런 나쁜 놈들과 어떻게 같이 살며 함께 무슨 공부가 되나 하는 생각을 가지고 살다가 살림 중에 달아나는 사람들도 많고, 혹 달아나지 않더라도 늘 그런 응어리를 가지고 대중살이하는 사람들이 선방에 꽉 찼습니다. 그러나 그런 사람은 참으로 발심하지 못한 사람일 뿐만 아니라 공부하지 않는 사람입니다. 참으로 자기 화두만 열심히 할 것 같으면 옆 사람의 잘하고 못하는 것이 내 눈에 보이는 것이 아닙니다. 정말 남의 잘잘못이 보이고 여러 가지 일이 눈에 보인다고 하면 그때 벌써 그 사람에게는 화두가 없을 때이며 공부하지 않는 사람이라고 단정해야 합니다.

우리가 인욕하고 하심(下心)하는 근본은 화두를 열심히 하는 데 있습니다. 화두만 들고 목숨 떼 놓고 성불하기 위해서 열심히 정진하면 옆에서 불이 나도 모르는 것인데 어찌 옆 사람의 잘잘못이 보이겠습니까? 그러므로 대중에서 공부를 열심히 하는 사람은 시비심이 다 떨어지는 것이고 시비심을 가진 사람은 공부 안 하는 사람이라고 선을 긋습니다. 누구나 대중에 살면서 이 대주스님의 말씀을 깊이 믿고 마음속에 새겨서 열심히 정진하도록 합시다.

44. 일체처(一切處)에 무심(無心)

"『금강경』에 이르기를, '보살이 아법(我法)이 없는 사람은 여래가 참다운 보살이라'고 말씀하시며, 또 '취하지도 않고 버리지도 않아 영원히 생사를 끊어서 일체처에 무심하면 곧 모든 부처님의 아들이다'라고 하였느니라. 『열반경』에 이르되 '여래가 열반을 증득하여 영원히 생사를 끊었다'고 하였느니라.
 게송을 지어 말하노라.

 나는 지금 뜻이 매우 좋아서
 남이 욕할 때도 괴로움이 없고
 말없이 시비를 말하지 않나니
 열반과 생사가 같은 길이로다.
 내 집의 근본 종지를 사무쳐 알아
 본래로 푸르고 검은 분별이 없나니
 일체 망상의 분별은
 세상 사람이 밝게 알지 못함임을 알지니라.
 말세의 범부에게 이르노니

마음 가운데 우거진 풀을 없애 버려라.
내 지금 뜻이 크게 넓어서
말하지 않고 일 없어 마음이 편안하니
조용하여 자재해탈이라
동서 어디를 가도 쉬워 어렵지 않도다.
종일토록 말없이 적막하여
생각생각에 이치를 향해 생각해 보니
자연히 소요하여 도를 보아
생사와 결정코 상관치 않도다.
내 지금 뜻이 몹시 기특하니
세상의 침해와 속임을 향하지 않음이라
영화는 모두 헛된 속임수이니
해진 옷 거친 음식으로 굶주림을 채우도다.
길에서 세상 사람을 만나 말하기를 게을리 하니
세상 사람들은 모두 나를 바보라 하네.
겉으로는 질린 듯 암둔해 보이나
마음 가운데는 밝기가 유리 같아서
라후라의 밀행에 묵묵히 계합하나니
너희 범부들이 알 바 아니로다.

내 너희들이 참 해탈의 이치를 알지 못할까 두려워서 다시 너희들에게 말해 보이노라."

金剛經云 菩薩이 無我法者는 如來說名眞是菩薩이라 又云 不取卽不捨하야 永斷於生死하야 一切處에 無心하면 卽名諸佛子니라 涅槃經云 如來證涅槃하야 永斷於生死라 하니라. 偈曰 我今意況大好하야 他人罵時無惱하며 無言不說是非하야 涅槃生死同道로다. 識達自家本宗하야 猶來無有靑皁하니 一切妄想分別은 將知世人不了로다. 寄言凡夫末代하노니 除却心中藁草라 하니 我今意況大寬하야 不語無事心安하니 從容自在解脫이라 東西去易不難이로다. 終日無言寂寞하야 念念向理思看하니 自然逍遙見道하야 生死定不相干이로다 我今意況大奇하야 不向世上侵欺라 榮華總是虛誑이니 弊衣麤食充飢로다 道逢世人懶語하니 世人咸說我癡라 外現瞠瞠暗鈍이요 心中明若瑠璃하야 黙契羅睺密行하니 非汝凡夫所知로다. 吾恐汝等이 不會了眞解脫理일새 再示汝等하노라.

○ 대주스님 자신의 심경과 공부하는 사람들을 위해 경책하신 말씀입니다.

공부를 다 마친 사람은 무심(無心)을 증했기 때문에 일체 분별망상이 다 떨어져서 어떠한 환경이라도 그 환경의 지배를 받지 않은 것이며, 공부를 마치지 못한 사람이라도 공부를 열심히 하는 사람은 시비, 선악 등의 분별망상이 들어올 수 없는 것입니다. 공부를 공부답게 하려면 주위 환경의 지배를 받지 않아야 하는

데 그것이 참 어렵습니다. 동풍이 불면 서쪽으로 자빠지고 서풍이 불면 동쪽으로 자빠지고 바람 부는 대로 자빠지기만 하는 것은 내 마음속에 주인이 없기 때문에 그렇습니다. 여기 대중들 중에서 참선하는 사람은 화두를, 경을 배우는 사람은 경을 내 마음속의 주인으로 삼아 열심히 공부하면 분별망상의 잡초가 시들지 않으려야 시들지 않을 수 없는 것입니다. 화두를 주인으로 삼고 경을 주인으로 삼아 전심전력을 다하여 공부할 것 같으면 일체 세상일과는 아무런 상관이 없게 됩니다. 그렇다고 세상과는 별도로 사느냐면 그런 것은 아닙니다. 왜냐하면 내가 공부를 성취한다면 일체 중생을 위해, 남을 위해 영원토록 살게 될 터이니 우선 잠깐동안 방편으로 내 개인적인 공부만 열심히 하지 않을 수 없는 것입니다. 내 공부만 열심히 하는 이것 자체도 남을 위해서 하는 것이 되므로 내 공부만 한다고 해서 보살행에 절대 모순이 없으니 공부에만 열중하여 주위 환경에 휩쓸리지 말고 대주스님의 이런 경계를 우리도 하루빨리 증득해야겠습니다.

45. 필경정(畢竟淨)

"『유마경』에 이르되 '정토를 얻고자 할진댄 마땅히 그 마음을 깨끗이 하라'고 하시니 무엇이 마음을 깨끗이 하는 것입니까?"

"필경 청정으로 깨끗함[淨]을 삼느니라."

"어떤 것이 필경 청정으로 깨끗함을 삼는 것입니까?"

"깨끗함도 없고 깨끗함이 없음도 없음이 곧 필경 깨끗함이니라."

"어떤 것이 깨끗함도 없고 깨끗함이 없음도 없는 것입니까?"

"일체처에 무심함이 깨끗함이니 깨끗함을 얻었을 때에 깨끗하다는 생각도 하지 않음이 곧 깨끗함이 없음이며, 깨끗함이 없음을 얻었을 때에 또한 깨끗함이 없다는 생각도 하지 않음이 곧 깨끗함이 없음도 없는 것이니라."

問 維摩經云 欲得淨土인댄 當淨其心이라 하니 云何是淨心고

答 以畢竟淨으로 爲淨이니라.

問 云何是畢竟淨으로 爲淨고

答 無淨無無淨이 卽是畢竟淨이니라.

問 云何是無淨無無淨고

答 一切處無心이 是淨이니 得淨之時에 不得作淨想이 卽名無淨也며 得無淨時에 亦不得作無淨想이 卽是無無淨也니라.

○ 누구든지 참으로 정토(淨土)를 얻으려면 무심을 증해야 하는 것입니다.

46. 필경증(畢竟證)

"도를 닦는 사람은 무엇으로 증(證)함을 삼습니까?"
"필경 증함으로 증함을 삼느니라."
"어떤 것이 필경 증함입니까?"
"증함이 없음과 증함이 없음도 없음이 필경 증함이라 하느니라."
"어떤 것이 증함이 없음이며 어떤 것이 증함이 없음도 없는 것입니까?"
"밖으로 색과 소리 등에 물들지 않고 안으로 망념의 마음을 일으키지 않아 이렇게 얻은 것을 곧 증함이라고 함이니, 증함을 얻었을 때에 증득했다는 생각도 하지 않음이 곧 증함이 없음이며, 증함이 없음을 얻었을 때에 또한 증함이 없다는 생각도 하지 않음이 곧 증함이 없음도 없다고 하는 것이니라."

問 修道者는 以何爲證고
答 畢竟證이 爲證이니라.
問 云何是畢竟證고

答 無證無無證이 是名畢竟證이니라.

問 云何是無證이며 云何是無無證고

答 於外에 不染色聲等하고 於內에 不起妄念心하야 得如是者는 卽名爲證이니 得證之時에 不得作證想이 卽名無證也며 得此無證之時에 亦不得作無證想이 卽名無無證也니라.

○ 여기서 증함이란 무심을 성취하는 것을 말하니 무심이 되면 무심이라는 생각도 없고, 또 무심이라는 생각이 없다는 것도 또한 없는 것입니다. 이것이 실제로 도를 성취한 것이고 견성인 것입니다.

47. 진해탈(眞解脫)

"어떤 것이 해탈한 마음입니까?"

"해탈한 마음이 없음이며, 또한 해탈한 마음이 없음도 없음이 곧 참 해탈이니라. 경에 이르기를, '오히려 법도 마땅히 버려야 하거늘 하물며 법 아닌 것이리오' 하였으니 법이란 있음[有]이요 법 아님이란 없음[無]이니, 다만 있음과 없음[有無]을 취하지 않으면 곧 참 해탈이니라."

問 云何解脫心고

答 無解脫心하며 亦無無解脫心이 卽名眞解脫也니 經云 法尙應捨는 何況非法也이리오 하니 法者는 是有요 非法은 是無也니 但不取有無하면 卽眞解脫이니라.

48. 필경득(畢竟得)

"어떻게 도를 얻습니까?"
"필경에 얻음으로써 얻음을 삼느니라."
"어떤 것이 필경의 얻음입니까?"
"얻음도 없고 얻음이 없음도 없음이 필경의 얻음이라 하느니라."

問 云何得道오
答 以畢竟得으로 爲得이니라.
問 云何是畢竟得고
答 無得無無得이 是名畢竟得也이니라.

49. 필경공(畢竟空)

"어떤 것이 필경의 공함입니까?"
"공함이 없고 공함이 없음도 없음이 필경 공함이라고 하느니라."

問 云何是畢竟空고
答 無空無無空이 卽名畢竟空이니라.

○ 앞에서 말한 해탈심이든지 증함이든지 얻음이든지 표현은 달라도 내용은 같은 것이니 유무 양변을 떠나 중도를 정등각한 대무심지를 말하는 것입니다. 그러므로 대무심을 내놓고는 증함도 없고 도(道)도 없고 얻음도 없고 공함도 없고 해탈도 없는 것입니다.

50. 진여정(眞如定)

"어떤 것이 진여의 선정입니까?"
"선정이 없고 선정이 없음도 없음이 곧 진여의 선정이니 경에 이르기를, '정한 법을 아뇩다라삼먁삼보리라고 이름할 것이 없으며 또한 여래가 설명할 정한 법이 없다'고 하였느니라. 또 경에 이르기를, '비록 공을 닦으나 공으로 증함을 삼지 않는다'고 하니 공한 생각을 짓지 않음이 곧 이것이며, 비록 선정을 닦으나 선정으로 증함을 삼지 않아 선정이라는 생각을 짓지 않음이 곧 이것이며, 비록 깨끗함을 얻었으나 깨끗함으로 증함을 삼지 않아 깨끗하다는 생각도 짓지 않음이 곧 이것이니라. 만약 선정을 얻고 깨끗함을 얻어서 일체처에 무심함을 얻었을 때에 이와 같음을 얻었다고 생각하는 것은 모두 망상이니 곧 얽매이게 되어 해탈이라고 할 수 없느니라. 만약 이와 같이 얻었을 때에 밝고 밝게 스스로 알아 자재를 얻되 이것을 가져 증함을 삼지 않으며 또한 이와 같다는 생각도 하지 않을 때에 해탈을 얻느니라. 경에 이르기를, '정진심을 일으키면 이는 망념으로써 정진이 아니니라. 만약 능히 마음이 망령되지 않으면 정진이 끝이 없다'고 하였느니라."

　問 云何是眞如定고

　答 無定無無定이 卽名眞如定이니 經云 無有定法名阿耨多羅三藐三菩提며 亦無定法如來可說이니라 經云 雖修空이 不以空爲證이라 하니 不得作空想이 卽是也며 雖修定이나 不以定爲證하야 不得作定想이 卽是也며 雖得淨이나 不以淨爲證하야 不得作淨想이 卽是也니라 若得定得淨하야 得一切處無心之時에 卽作得如是想者는 皆是妄想이라 卽被繫縛하야 不名解脫이니라 若得如是之時에 了了自知하야 得自在하되 卽不得將此爲證하야 亦不得作如是想時에 得解脫이니라. 經云 若起精進心하면 是妄非精進也라 若能心不妄하면 精進無有涯라 하니라.

○『금강경』의 '무유정법명아녹다라삼막삼보리(無有定法名阿耨多羅三藐三菩提)'를 흔히 해석하되, '정한 법 있음이 없음을 아녹다라삼막삼보리라고 이름할 수 있다'고 해석하고 있으나, 그렇게 해석한다면 '이름할 수 있다'는 것이 있어 '정한 법이 있음이 없음'은 되지 못합니다. 그렇기 때문에 '정한 법이 없음과 정한 법이 없음도 없다'는 것을 함께 부정하는 해석이어야 되므로 '정한 법을 아녹다라삼막삼보리라 이름할 것이 없다'고 해석해야 하는 것입니다. 이런 해석 방식은 『금강경』의 범어 원문에도 그렇게 되어 있으므로 원문에 부합된 해석이라고 합니다.

51. 중도(中道)는 일체처무심(一切處無心)

"어떤 것이 중도입니까?"
"중간도 없고 또한 이변(二邊)도 없음이 곧 중도이니라."
"어떤 것이 이변입니까?"
"저 마음이 있고 이 마음이 있음이 이변이니라."

問 云何是中道오
答 無中間亦無二邊이 卽中道也니라.
問 云何是二邊고
答 爲有彼心하며 有此心이 卽是二邊이니라.

○ 너와 내가 있고 시비가 있고 선악이 있고 있음과 없음이 있는 것이 즉 이변이니, 저 마음 이 마음이란 것이 딴 마음이 아니고 변견의 전체를 말합니다.

"어떤 것을 저 마음, 이 마음이라고 합니까?"
"밖으로 색과 소리에 얽매임을 저 마음이라 하며 안으로 망념이 일어나는 것을 이 마음이라 하니라. 만약 밖으로 색에 물들지 않으면 곧 저 마음이 없음이요 안으로 망념이 나지 않으면 곧 이 마음이 없음이니, 이것은 두 변이 없는 것이니라. 마음이 이미 두 변이 없으니 중간이 또한 어찌 있을 것인가? 이와 같음을 얻는 것을 곧 중도라 하는 것이니 참된 여래의 도이니라. 여래의 도란 곧 일체 깨친 사람의 해탈이니 경에 이르기를 '허공에 가운데와 가장자리가 없으니 모든 여래의 몸도 또한 그와 같다'고 하느니라. 그리하여 일체색이 공한 것은 곧 일체처에 무심함이요 일체처에 무심함은 곧 일체색의 성품이 공함이니, 두 가지 뜻이 다르지 않아 이것을 또한 색이 공함이라 하며 또 색이 법이 없음이라 하느니라. 너희가 만약 일체처에 무심함을 떠나서 보리·해탈과 열반·적멸과 선정·견성을 얻는다는 것은 옳지 않느니라. 일체처에 무심이란 곧 보리·해탈과 열반·적멸과 선정 내지 육바라밀을 닦음이니 모두 성품을 보는 곳이니라. 무슨 까닭인가.『금강경』에 이르기를, '조그마한 법도 얻을 수 없음을 아뇩다라삼먁삼보리라고 이름한다'고 하였느니라.

問 云何名彼心此心고
答 外縛色聲이 名爲彼心이요 內起妄念이 名爲此心이니라 若於外에 不染色하면 卽名無彼心이요 內不生妄念하면 卽名無此心이니 此非二邊也니라 心旣無二邊이라 中亦何有哉아 得如是者는 卽名中道니 眞如來道니라. 如來道者는

卽一切覺人解脫也니 經云 虛空에 無中邊이라 諸佛身亦
然이라 하니라 然하야 一切色空者는 卽一切處無心也요 一
切處無心者는 卽一切色性空이니 二義無別하야 亦名色空
이며 亦名色無法也니라. 汝若離一切處無心하고 得菩提解
脫과 涅槃寂滅과 禪定見性者는 非也니 一切處無心者는
卽修菩提解脫涅槃寂滅 禪定乃至六道皆見性處니라 何以
故오 金剛經云 無有少法可得이 是名阿耨多羅三藐三菩
提也니라.

○ 가운데[中]란 양쪽 가장자리가 전제가 되어 가운데라 하는데,
양쪽의 가장자리가 없으면 무엇을 표준삼아 가운데라 할 수 있
겠습니까?
일체처에 무심을 얻으면 구경각을 성취한 사람이니 시방세계를
둘러보아도 견성할 곳 아닌 곳이 없고, 전체가 진여의 항사묘용
이 현전하여 미래겁이 다하도록 열반의 길에서 일체 중생을 돕게
되는 것입니다.

52. 일체처무심(一切處無心)이 해탈(解脫)

"만약 일체 모든 행을 닦아서 구족하여 성취하면 수기를 얻을 수 있습니까?"
"얻을 수 없느니라."

問 若有修一切諸行하야 具足成就하면 得受記否아
答 不得이니라.

○ 수기(受記)란 경전을 보면 부처님께서 "너는 이렇게 수행한 공덕으로 뒷세상에 성불하여 무슨무슨 이름의 부처가 될 것이다."라고 미리 인가하여 말씀해 주시는 것을 말합니다.
그러나 수기라는 것은 미래만 말하는 것이 아니고 현재에도 공부를 성취하면 수기를 받을 수 있는 것입니다.
일체 모든 행을 닦아 육도만행을 원만구족하였다 해도 이것으로 수기를 받을 수 없다는 말이니 그것으로는 구경을 성취할 수 없다는 것입니다.

"만약 일체의 법을 닦지 않고서 성취하면 수기를 얻을 수 있습니까?"
"얻을 수 없느니라."

問 若以一切法無修하야 得成就하면 得受記否아
答 不得이니라.

○ 육도만행을 닦지 않고 가만히 있으면 수기를 받을 수 있느냐는 물음에 그것도 안 된다고 답한 것입니다.

"만약 이럴 때에는 마땅히 무슨 법으로써 수기를 얻을 수 있습니까?"
"행 있음을 쓰지도 않고 행 없음도 쓰지 않으면 곧 수기를 얻느니라. 왜냐하면 『유마경』에 이르기를, '모든 행의 성품과 모양이 모두 다 무상하다'고 하였으며 『열반경』에 이르기를, '부처님이 가섭에게 말씀하시되 모든 행이 항상함이 있다면 옳지 못하다'라고 하셨느니라. 너희는 다만 일체처에 무심하면 곧 모든 행이 없으며 또한 행이 없음도 없어서 곧 이것을 수기라 하느니라. 이른바 일체처에 무심이란 증애심이 없음이니 증애라고 말함은, 좋은 일을 보고도 사랑하는 마음을 일으키지 않음을 곧 사랑하는 마음이 없음이라 하고, 나쁜 일을 보고도 미워하는 마음을 일으키지 않음을 미워하는 마음이 없다고 하느니라. 사랑함이 없음이란 곧 물든 마음이 없음을 이름하니 곧 색의 성품이 공함이요, 색의 성품이 공함이란 곧 만 가지 인연이 다 끊어짐이요 만 가지 인연이 다 끊어짐은 자연 해탈이니라. 너희들이 이것을 자세히 보아서 만약 뚜렷이 밝게 알지 못할 때엔 모름지기 빨리 물을 것이요 헛되이 보내지 말지어다. 너희들이 만약 이 가르침을 의지해 닦아서 해탈하지 못한다면 내가 곧 종신토록 너희들을 위해 대지옥고를 받을 것이며, 내가 만약 너희들을 속인 사람이면 내가 마땅히 나는 곳마다 사자나 호랑이나 이리의 밥이 될 것이다. 너희가 만약 이 가르침을 의지하지 않고 스스로 부지런히 닦지 않으면 내 알 바 없느니라. 한번 사람의 몸을 잃으면 만겁에 다시 돌이킬 수 없으니 노력하고 노력해서 모름지기 합당히 알아야 할지니라."

問 若恁麼時에 當以何法而得受記오

答 不以有行하며 亦不以無行하면 卽得受記니 何以故오 維摩經云 諸行性相이 悉皆無常이라 하며 涅槃經云 佛告迦葉하되 諸行은 是常이라 無有是處라 하니 汝但一切處無心하면 卽無諸行하며 亦無無行하야 卽名受記니라 所言一切處無心者는 無憎愛心이 是니 言憎愛者는 見好事하고 不起愛心이 卽名無愛心也오 見惡事하고 亦不起憎心이 卽名無憎心也라 無愛者는 卽名無染心이니 卽是色性空也요 色性空者는 卽是萬緣俱絶이요 萬緣俱絶者는 自然解脫이니라 汝細看之하야 若未惺惺了時엔 卽須早問이요 勿使空度

니 汝等이 若依此敎修하야 不解脫者인댄 吾卽終身爲汝受汝大地獄하며 吾若誑汝者면 吾當所生處에 爲師子虎狼所食하리라 汝若不依敎하고 自不勤修하면 卽不知也라 一失人身하면 萬劫不復이니 努力努力하야 須合知爾니라.

○ 여기서 말하는 수기는 현재의 수기를 말하는 것이지 다음 세상의 수기를 말하는 것이 아닙니다. 왜냐하면 일체처 무심이란 구경의 깨달음을 말한 것이지 중간을 말한 것이 아니므로 이 수기를 당래(當來)의 수기로 본다면 큰 오해입니다.

증애심이 없음이 두 가지 성품이 공함이라고 앞에서도 많이 말했는데 두 가지 성품이 공하면 곧 묘각입니다. 그래서 『신심명』의 첫머리에서도 '다만 미워하고 사랑함이 없으면 지극한 도가 통연히 명백하다'고 한 것입니다. 즉 미워하고 사랑하는 마음만 완전히 끊어지면 지극한 대도가 홀연히 명백하여 구경각을 성취한 사람입니다. 그런데 이 미워하고 사랑함을 버린다는 것이 참말로 어렵습니다. 이 증애는 일상의 증애(憎愛)뿐만 아니라 법의 미워하고 사랑함도 완전히 버려야 합니다. 십지·등각도 법애(法愛)를 버리지 못하기 때문에 성불하지 못하는 것입니다.

만연이 다 끊어짐이란 세간 인연도 다 잊고 출세간 인연도 다 잊는 것을 말하니 세법은 버리고 불법을 집착하면 만연이 다 끊어짐이 아닙니다. 청정한 자성을 완전히 깨친 데서 만연이 다 끊어지는 것이지 거기에 다만 조금이라도 불법이 서든지 세법이 서든지 부처가 서든지 중생이 서든지 하면 만연이 다 끊어짐이 되지 않는 동시에 자성청정이 아니며 무심이 아닙니다.

옛 조사스님들은 '가사를 입고 사람 몸을 잃음이 제일 원통하다'고 하셨습니다. 사람으로 태어나기도 어렵고 불법을 만나기도 어려운데 항차 사람의 몸, 그것도 장부의 몸을 받아 나서 부처님의 제자가 되는 것은 참으로 어려운 일입니다. 그런데 부처님 말씀도 믿지 않고 조사스님들 말씀도 믿지 않고 허송세월 하다가 사람 몸을 잃고 예전과 같이 생사윤회를 하게 되면 이것보다 더 크게 원통한 일이 어디 있겠습니까? 그러니 우리는 참으로 노력하고 노력해서 하루빨리 공부를 성취하여 성불합시다.

결언(結言)

어제도 이러하니 죄와 허물이 하늘에 넘치고
오늘도 이러하니 범 입에 몸을 가로누이고
반을 꺾고 셋을 찢음은 묻지 않거니와
격 밖의 한마디는 어떻게 하려는가?
밤에도 밝은 주렴 밖에 풍월이 낮과 같고
마른 나무 바위 앞에 꽃들이 항상 봄이로다.
억!

昨日에 也恁麼하니 罪過彌天이요
今日에 也恁麼하니 虎口에 橫身이라
折半裂三卽不問이어니와
格外一句는 作麼生고
夜明簾外에 風月이 如畫하고
枯木岩前에 花卉長春이로다.
喝一喝하시다.

후기(後記)

『돈오입도요문론강설(頓悟入道要門論講說)』은 큰스님께서 해인총림 초대 방장에 취임하신 1967년 동안거(冬安居) 동안에 하신 법문의 한 부분을 정리한 것입니다.

흔히들 불교는 '도교와 같다', '유교와 같다', '무슨 사상과 같다' 하면서 부처님의 진정한 가르침을 바로 이해하지 못하는 현실과 또 무엇이 부처님의 진실한 사상인 줄 모르고 우왕좌왕하며 갈피를 잡지 못하는 대중들을 위해, 선(禪)·교(敎)에 걸쳐서 일관된 부처님 사상은 '중도사상(中道思想)'임을 밝히기 위해 그 해 겨울 백일 가까이 고구정녕하게 법문하셨던 것입니다.

그때 하신 이 법문이 승가에서는 큰스님의 『백일법문(百日法門)』으로 널리 알려져 있습니다.

그러나 큰스님의 법문은 내용이 깊고 방대하여서 단편적인 경전의 인용에만 그치는 것이 아니라, 해박하신 이론과 선(禪)의 깊은 체험에서 우러나온 압축된 말씀이어서 시자들이 감히 정리할 엄두를 내지 못하였습니다.

그러나 늦었지만 이제라도 큰스님의 육성이 녹음된 테이프를 재정리하여 불교를 좀 더 쉽고 분명하게 이해하고자 하는 분들에게

도움이 되고자 외람된 용기를 내게 되었습니다.

　교학적인 부분은 정리가 되는 대로 책을 발행하기로 하고 우선 선어록(禪語錄)에 대한 것만을 먼저 출판하게 되었습니다. 그러므로 내용에 있어서 설명이나 주(註)가 충분치 못한 감이 없지 않습니다만, 그 책들이 나오면 쉽게 이해되리라 믿어 주를 다는 번거로움을 피하였습니다.

　완벽을 기하고자 하다가 한 줄도 세상에 전파하지 못하는 어리석음을 저지르지 않기 위해 이 법문집을 발간하게 되었습니다만, 오히려 큰스님께 더없는 누를 끼치는 일이 되지 않을는지 두려운 마음뿐입니다.

　다만 이 책을 지남(指南)으로 하여 후일에 박학다재하고 정안(正眼)을 갖춘 출격장부(出格丈夫)가 나와 큰스님의 진정한 안목을 세상에 빛내 주신다면 오늘 우리들의 큰 허물을 조금이나마 덜게 될 것입니다.

　나무석가모니불

불기 2530년 4월 15일
시자 원택 화남

[附錄]

제방문인참문어록
諸方門人參問語錄

【 일러두기 】

1. 명나라 초엽(1374) 묘협(妙叶)스님은 『돈오입도요문론(頓悟入道要門論)』과 『제방문인참문어록(諸方門人參問語錄)』을 상·하로 합해 『대주선사어록(大珠禪師語錄)』이라고 하였습니다. 그 중 『제방문인참문어록』은 묘협스님이 새로 모은 것이 아니라 전등록(傳燈錄) 제6권과 제28권의 대주혜해(大珠慧海) 스님 부분을 그대로 옮겨 실은 것입니다.

2. 번역의 판본은 1917년(丁巳) 중국 장사각경처(長沙刻經處)에서 간행한 『대주선사어록』을 사용하였습니다.

3. 번역 구성에 있어서 독자의 이해를 돕기 위하여 원본의 단락 구분을 참조, 모두 40개의 단락으로 나누었습니다.

1.

　대사*가 처음에 강서(江西)로 가서 마조(馬祖)스님을 뵈니, 마조스님이 물었다.
　"어디서 오는가?"
　"월주(越州) 대운사(大雲寺)에서 왔습니다."
　"여기 와서 무엇을 구하려는가?"
　"불법을 구하러 왔습니다."
　"자기의 보배 창고는 돌보지 않고 집을 버리고 사방으로 다니면서 무엇을 하려는가? 나에게는 한 물건도 없는데 무슨 불법을 구하는가?"
　대사가 드디어 절을 하고 물었다.
　"어떤 것이 혜해 자신의 보배 창고입니까?"
　마조스님이 대답했다
　"지금 나에게 묻는 것이 그대의 보배 창고이다. 온갖 것이 구족하여 조금도 모자람이 없고, 자유로이 사용할 수 있거늘

---

* 대사의 휘는 혜해(慧海)이며, 건주(建州) 땅 사람이다. 도지화상(道智和尙)에게서 득도하였다.

어찌 밖으로 구하려 하는가?"

대사가 그 말끝에 크게 깨치고, 자기의 근본 마음은 지식이나 감관을 말미암지 않음을 알고, 뛸 듯이 기뻐서 절하고 사례한 뒤에 6년 동안 시봉을 하였다. 나중에 은사의 나이가 많아지므로 돌아가서 봉양을 하였는데, 자취와 행동을 감추고 겉으로 바보인 체하면서 『돈오입도요문론(頓悟入道要門論)』한 권을 지었다. 그러나 그것을 조카 상좌인 현안(玄晏)이 훔쳐다가 마조스님에게 갖다 바치니, 마조스님이 보고 대중에게 말했다.

"월주에 큰 구슬[大珠]이 있는데, 둥글고 밝은 광명이 자유로이 비쳐서 막힐 곳이 없다."

대중 가운데 대사의 성이 주(朱) 씨임을 아는 이가 있어서 서로서로 미루어 알게 되어 도반을 짜 가지고 월주로 와서 대사를 찾아뵙고 의지하였는데, 대주화상(大珠和尙)이란 이름은 그때에 부르게 된 이름이다.

2.

대사가 학인들에게 말씀하셨다.

"선객(禪客)들이여, 나는 선(禪)을 모릅니다. 따라서 한 법도 남에게 보일 만한 것이 없으니, 그대들 너무 오래 서서 헛수고를 마시오. 자, 쉬어 가기나 하시오."

이때에 학자들이 점점 늘어서 밤낮으로 법을 물으니, 마지못하여 물음에 따라 대답을 하는데 그 변재가 걸림이 없었다.

3.

이때에 법사(法師) 몇 사람이 와서 뵙고 말했다.
"한 가지 묻겠는데 대답해 주시겠습니까?"
대사가 대답했다.
"깊은 못의 달그림자를 마음대로 건지시라."
"어떤 것이 부처입니까?"
"맑은 못에 얼굴을 대할 수 있는 것, 그것이 부처가 아니고 무엇이랴."
무리가 모두 얼떨떨하였다. 조금 있다가 그 스님이 또 물었다.
"스님은 어떤 법으로 사람들을 제도하십니까?"
"나는 어떤 법으로 사람을 제도한 일이 없다."
"선사들은 모두가 이 모양이군."
대사가 반대로 물었다.
"대덕(大德)은 어떤 법으로 사람을 제도하는가?"
그 스님이 대답했다.
"금강반야경을 강의하였습니다."

"몇 번이나 강의했는가?"

"20번을 강의했습니다."

"그 경은 누가 말한 것인가?"

그 스님이 소리를 높여 말했다.

"선사는 사람을 조롱하십니까? 어찌 부처님의 말씀인 줄 모르신단 말이오."

대사가 말했다.

"'만일 여래가 설법한 바가 있다고 하면 이는 부처를 비방하는 것이니, 이 사람은 내가 말한 뜻을 이해하지 못한다'고 하였다. 그러나 이 경을 부처님의 말씀이 아니라 하면 이는 경을 비방하는 것이다. 대덕은 말을 해보라."

그 스님이 대답이 없었다. 조금 있다가 대사가 물었다.

"경에 말씀하시길, '만일 색(色)으로 나를 찾거나 음성으로 나를 구하면 이 사람은 삿된 도를 행하나니 이 사람은 여래를 보지 못한다'고 하였으니, 대덕은 말해 보라. 어느 것이 여래인가?"

그 스님이 대답했다.

"제가 그 문제에 있어서 도리어 미혹하였습니다."

"본래 깨닫지 못했거늘 무엇을 미혹했다고 하는가?"

그 스님이 다시 청했다.

"스님께서 자세히 설명해 주십시오."

대사가 말했다.

"대덕은 금강경을 20번이나 강의했다면서 아직도 여래를 모르다니."

그 스님이 절을 하면서 설명해 주기를 청하니 대사가 말했다.

"여래라는 것은 모든 법의 여실(如實)한 이치라 했는데 어찌 잊었는가?"

"그렇습니다. 그것이 모든 법의 여실한 이치입니다."

"대덕이 그렇다는 것은 그렇지가 않다."

"경문이 분명히 그렇거늘 어찌 그렇지 않습니까?"

"대덕은 여실한가?"

"예, 그렇습니다."

"목석(木石)도 여실한가?"

"그렇습니다."

"대덕이 목석의 여실함과 동일한가?"

"다름이 없습니다."

"대덕은 목석과 무엇이 다른가?"

그 스님이 대답이 없다가 찬탄하여 말하였다.

"이 스님은 상대하여 문답하기 어려운 분이다."

조금 있다가 다시 물었다.

"어찌 하여야 큰 열반을 증득합니까?"

"생사의 업을 짓지 말아야 한다."

"어떤 것이 생사의 업입니까?"

"큰 열반을 구하는 것이 생사의 업이며, 더러운 것을 버리고 깨끗함을 취하는 것이 생사의 업이며, 얻음과 증득함이 있는 것이 생사의 업이며, 대치문(對治門)을 벗어나지 못하는 것이 생사의 업이니라."

"어찌 하여야 해탈할 수 있겠습니까?"

"본래 속박된 일이 없으니, 해탈을 구할 필요가 없다. 바로 사용하고, 바로 행함이 곧 일의 무등등(無等等)한 경지이다."

그 스님이 말했다.

"스님 같은 분은 실로 희유하신 분입니다."

그리고 절을 하고 물러갔다.

4.

어떤 행자가 물었다.
"마음이 곧 부처라 하였는데 어떤 것이 부처입니까?"
대사가 대답했다.
"그대는 어느 것이 부처가 아니라고 의심하는가? 지적해 보아라."
그가 대답이 없으니, 대사가 말했다.
"통달하면 온 세계가 다 부처요, 깨닫지 못하면 영원히 어긋난다."

5.

법명(法明)이라는 율사(律師)가 와서 대사께 여쭈었다.
"선사들은 흔히 '공'에 빠지더군요."
대사가 말했다.
"도리어 좌주(座主)들이 흔히 '공'에 빠지지."
법명이 깜짝 놀라서 말했다.
"어째서 '공'에 빠진다 하십니까?"
대사가 말했다.
"경(經)과 논(論)은 종이와 먹으로 된 문자이다. 지묵과 문자는 모두가 공하나니 소리 위에다 이름[名]과 구절[句] 따위를 건설한 것으로써 '공'이 아닌 것이 없다. 좌주들은 그러한 교체(敎體 : 글자와 문구)에 집착되었으니, 어찌 '공'에 떨어지지 않았겠는가?"
"선사는 '공'에 떨어지지 않습니까?"
"'공'에 떨어지지 않았다."
"어째서 안 떨어집니까?"
"문자 따위는 모두가 지혜에서 생기는데, 대용(大用 : 활용)이 나타났거늘 어찌 '공'에 떨어졌다 하리오."

법명이 말했다.

"그러므로 한 법이라도 통달치 못한 것이 있으면 실달다(悉達多)라 하지 못합니다."

대사가 말했다.

"율사는 '공'에 빠졌을 뿐 아니라 낱말도 잘못 알고 있구나."

법명이 정색을 하고 어디가 틀렸느냐고 물으니, 대사가 다시 말했다.

"율사는 중국과 인도의 말을 가리지도 못하거늘 어찌 율문을 강의했는가?"

"스님께서 저의 잘못된 곳을 지적해 주십시오."

"실달다*라는 말이 범어(梵語)인 줄 모르는가?"

율사가 속으로 잘못을 깨달았으나 아직도 분한 생각이 남아서 다시 물었다.

"경과 율과 논은 부처님의 말씀이건만 가르침대로 읽고 외우고 받들어 수행하는 이들이 어찌하여 성품을 보지 못합니까?"

대사가 대답했다.

"미친개는 흙덩이를 좇지만 사자는 사람을 무는 것과 같나니, 경·율·논은 자성(自性)의 작용이요, 읽고 외우는 것은 자성의 법칙일 뿐이다."

---

* 구체적으로는 범어의 Sarvarthasiddha인데, 중국어로 번역하면 일체 뜻을 성취한다는 말이다. 옛 실달다는 오히려 잘못 줄여서 뭉뚱그려 부른 말이다.

법명이 다시 물었다.

"아미타불(阿彌陀佛)도 부모와 성이 있습니까?"

"아미타의 성은 교시가(憍尸迦)요, 아버지의 이름은 월상(月上)이요, 어머니의 이름은 수승묘안(殊勝妙顔)이다."

"어떤 경전에 있는 말입니까?"

"다라니집(陀羅尼集)에 있다."

법명이 절을 하고, 찬탄하면서 물러갔다.

6.

어떤 삼장법사(三藏法師)가 물었다.
"진여(眞如)에도 변역(變易)이 있습니까?"
대사가 대답했다.
"변역이 있고말고."
삼장이 말했다.
"선사는 잘못 아셨군요."
대사가 도리어 물었다.
"삼장은 진여가 있는가?"
"있지요."
"그런데 변역이 없다면 결정코 범상한 중이어야겠구나. 듣지 못했는가. 선지식은 삼독(三毒)을 돌리어 삼취정계(三聚淨戒)로 만들고, 육식(六識)을 돌리어 육식통(六識通)으로 만들고, 번뇌를 돌리어 보리로 만들고, 무명을 돌리어 대지(大智)를 만든다 하였는데, 만일 진여가 변역이 없다면 삼장은 틀림없는 자연외도(自然外道)이다."

삼장이 말했다.

"그렇다면 진여에 변역이 있습니까?"

대사가 대답했다.

"진여에 변역이 있다고 집착하면 그것도 외도이다."

"선사께서는 아까는 진여에 변역이 있다고 하시더니 지금은 또 변역이 없다 하시니, 어떤 것이 똑바른 말씀입니까?"

"만일 밝게 성품을 본 이라면 마니주(摩尼珠)에 빛이 나타나는 것 같아서, 변한다 해도 맞고 변하지 않는다 하여도 맞거니와 성품을 보지 못한 이는 진여가 변한다는 말을 들으면 변한다는 생각을 하고, 변하지 않는다는 말을 들으면 변하지 않는다는 생각을 한다."

삼장이 말했다.

"그러기에 남종(南宗)은 진실로 헤아리기가 힘들군요."

7.

어떤 도류(道流:도교를 믿는 사람)가 와서 물었다.
"세간에 자연(自然)보다 더한 법이 있습니까?"
대사가 대답했다.
"있다."
"어떤 법이 더합니까?"
"자연을 능히 아는 것이니라."
"그러면 원기(元氣)가 도입니까?"
"원기는 원기이고, 도는 도이지."
"그렇다면 두 길이 있겠습니다."
"앎에는 두 사람이 없다."
그가 또 물었다.
"어떤 것이 삿됨이고, 어떤 것이 바름입니까?"
대사가 대답했다.
"마음이 물건을 좇으면 삿됨이요, 물건이 마음을 좇으면 바름이다."

8.

원(源) 율사라는 이가 와서 물었다.
"화상께서도 도를 닦으실 때에 공력을 들이십니까?"
"그렇다. 공력을 들인다."
"어떻게 공력을 들이십니까?"
"배고프면 밥을 먹고, 피곤하면 잠을 잔다."
"다른 사람들도 모두 스님과 같이 공력을 들인다 하겠습니까?"
"같지 못하다."
"왜 다릅니까?"
"그들은 밥을 먹을 때에 밥을 먹지 않고 백천 가지 분별을 따지며, 잠을 잘 때에는 잠을 자지 않고 백천 가지 계교를 일으킨다. 그것이 다른 까닭이다."
 율사는 입을 다물었다.

9.

온광대덕(韞光大德)이라는 이가 물었다.
"선사께서는 태어나신 곳을 알고 계십니까?"
대사가 대답했다.
"일찍이 죽지도 않았는데 어찌 태어남을 의논하랴. 나는 것은 곧 나지 않은 법임을 안다면, 나는 법을 여의고 남이 없음을 말하는 것도 없는 것이다. 조사께서도 말씀하시기를, '남이 곧 나지 않음이라' 하셨다."
"성품을 보지 못한 이도 이렇게 됩니까?"
"스스로 성품을 보지 못했을 뿐이요, 성품이 없는 것은 아니다. 무슨 까닭이겠는가? 보는 것이 곧 성품이니, 성품이 없으면 보지 못한다. 아는 것[識]이 곧 성품이므로 알음알이[識]의 성품이라고 하고, 깨닫는 것이 곧 성품이므로 깨닫는 성품이라 하고, 만법을 내므로 법성이라 부르며, 또는 법신(法身)이라고도 한다.
마명조사(馬鳴祖師)께서 말씀하시기를, '법이라 함은 중생심(衆生心)을 말함이라, 마음이 나면 온갖 법이 나고, 마음이 나지 않으면 온갖 법도 나지 않아 이름조차도 없다'고 했다. 미혹한 사람은 법신이 형상이 없으나 물건에 따라 형상을 나타내는 것임을 모르기 때문에 푸른 대숲을 보고는 모두가 법신이라 하고, 울울한 황화(黃花)는 모두가 반야라 한다. 황화가 반야라면 반야는 곧 무정물(無情物)과 같을 것이요, 푸른 대가 법신이라면 법신은 곧 초목과 같을 것이다.

어떤 사람이 죽순(竹筍)을 먹으면 모두가 법신을 먹는 것이니, 이런 말이야 들어 둘 필요나 있겠는가? 마주 대하고서도 부처를 몰라보고 영원한 겁에 희구하며, 전체의 법 안에서 미혹하여 밖으로 향하여 찾는구나. 그러므로 도를 아는 이는 다니거나 머물거나 앉으나 누우나 모두가 도요, 법을 깨달은 이는 종횡으로 자재하여 법 아닌 것이 없다."

대덕이 또 물었다.

"허공이 영특한 지혜를 냅니까? 참 마음이 선과 악에 반연됩니까? 탐욕을 부리는 사람이 도입니까? 옳고 그름에 집착된 사람이 나중에 마음이 통합니까? 경계를 당하여 마음을 내는 사람에게 선정이 있습니까? 적막에 머문 사람에게 지혜가 있습니까? 남에게 오만한 생각을 품은 사람에게 '나'가 있습니까? '공'과 있음에 집착된 사람에게 지혜가 있습니까? 글줄을 따지면서 증득하기를 구하는 사람과 고행으로 부처를 구하는 사람과 마음을 떠나서 부처를 구하는 사람과 마음을 집착하여 부처라 하는 사람들을 모두 도라 하겠습니까? 선사께서 낱낱이 말씀해 주십시오."

대사가 대답했다.

"허공은 영특한 지혜를 내지 못하고, 참 마음은 선과 악을 반연치 않고, 탐욕이 깊은 이는 근기가 얕고, 시비를 서로 다투는 이는 통하지 못하고, 경계를 당하여 마음을 내는 이는 선정이 적고, 적막에 빠져서 기틀을 잊은 이는 지혜가 침체되고, 중생에 오만하여 도도한 생각을 품는 이는 '나'라는 생각이 강하고, '공'과 있음에 집착된 이는 모두 어리석고, 글줄을 따져 증득하려 하는 이는 더욱 막히고, 고행으로 부처를 구하는 이는 모두 미혹하고, 마음을 떠나서 부처를 구하는 이는 외도이고, 마음을 집착하여 부처라 하는 이는 마귀이다."

대덕이 다시 말했다.

"그렇다면 필경에 아무것도 없겠습니다."

대사가 말했다.

"필경에 대덕이니라. 그러나 필경에 없는 것은 아니다."

대덕이 뛸 듯이 기뻐하면서 절하고 물러갔다.

10.

　대사가 상당(上堂)하여 이렇게 말했다.
　"여러분은 다행히도 스스로 훌륭한 일 없는 사람들이면서, 죽도록 업을 지어 칼[枷:형구]을 쓰고 지옥에 빠지려 하니, 이는 무슨 짓들인가?
　날마다 밤늦도록 분주히 쏘다니면서 참선을 하여 도를 배우며 불법을 안다고 하는데, 이렇게 하면 더욱 멀어질 뿐이다. 다만 빛과 소리를 좇아 헤맬 뿐이니, 언제 쉴 기약이 있으랴.
　나도 강서(江西) 화상[馬祖]이 '네 스스로 보배 창고에 모두가 구족해서 자유롭게 사용할 수 있으니, 밖에서 구하지 말라'고 하신 말씀을 듣고, 그때부터 일시에 쉬고 자기의 보배를 마음대로 사용하게 되었으니 퍽이나 쾌활하였다.
　한 법도 취할 것이 없고 한 법도 버릴 것이 없으며, 한 법이 생멸하는 형상도 볼 수 없고, 한 법이 오가는 형상도 볼 수 없어 시방세계에 한 티끌만큼도 자기의 보배 아닌 것이 없었다.
　다만 자기의 마음을 자세히 관찰하기만 하라. 일체삼보(一體三寶)가 항상 스스로 나타나리니, 의심치 말고, 찾지도 말고,

구하지도 말라. 마음의 성품은 본래 청정하느니라.

그러므로 『화엄경(華嚴經)』에 말씀하시기를, '온갖 법이 나지 않고, 온갖 법이 멸하지 않는다. 만일 이렇게 이해하여 알면 부처님들이 항상 앞에 나타나신다'고 하였고, 또 『정명경(淨名經)』에 말씀하시기를, '몸의 실상(實相)을 관찰하고, 부처를 관찰함도 그렇게 하라' 하였으니, 만일 빛과 소리를 따라 생각을 내지 않고, 형상과 모양을 따라 알음알이를 내지 않으면 자연히 일 없는 사람이 되리라. 오래 서 있을 것 없다. 편히들 하여라."

11.

그날, 대중이 많이 모였다가 오래도록 흩어지지 않으니, 대사가 말했다.

"여러분, 어째서 여기서 떠나지 않는가. 나는 벌써 얼굴이 마주칠 때에 이미 다 일러주었다. 그래서 의심을 쉬지 못하는가. 무슨 의심할 일이 있는가? 마음을 잘못 쓰지 말라. 헛수고만 하리라. 만일 그래도 의문이 나거든 여러분은 마음대로 빨리 물어라."

이때에 법연(法淵)이라는 스님이 물었다.

"무엇이 부처이며, 무엇이 법이며, 무엇이 승(僧)이며, 무엇이 일체삼보(一體三寶)입니까? 가르쳐 주십시오."

대사가 대답했다.

"마음이 부처이니 부처로 부처를 구하지 말라. 마음이 법이니, 법으로 법을 구하지 말라. 부처님 법이 둘이 아니어서 화합함이 승이니 이것이 일체삼보이다. 경에 말씀하시기를 '마음과 부처와 중생, 세 가지는 차별이 없나니, 몸·입·뜻이 청정하면 부처님이 세상에 나신 것이요, 몸·입·뜻이 더러우면 부처님이 열반에 드신다' 하였다.

　마치 성이 났을 때엔 기쁨이 없고 기쁠 때엔 성냄이 없듯이 오직 한마음뿐이어서 두 본체가 없나니 근본 지혜의 법이 그런 것이어서 무루(無漏)가 나타난다.

　마치 뱀이 용이 될 때에 비늘을 바꾸지 않는 것과 같이 중생이 부처가 될 때엔 얼굴을 바꾸지 않는다. 성품이 본래 청정하여 닦아서 이룰 필요가 없나니, 수행이 있고 증득함이 있다면 증상만(增上慢)과 같은 사람이다.

　진공(眞空)은 막힘이 없이 응용함에 무궁한 것이다. 시작도 마지막도 없어 영리한 근기가 단박 깨달으면, 짝할 수 없는 법을 사용하나니, 곧 아뇩보리(阿耨菩提)라. 마음의 형상이 없음이 곧 미묘한 색신(色身)이요, 형상이 없음이 곧 실상의 법신이요, 성품과 형상의 본체가 공함이 곧 허공같이 가이없는 몸이요, 만행(萬行)으로 장엄함이 곧 공덕의 법신이다.

　이 법신이란 것은 만 가지 변화의 근원이라 곳을 따라 이름을 세우나니, 지혜로운 작용이 다함이 없으므로 무진장(無盡藏)이라 하고, 만 가지 법을 내므로 본래 법장[本法藏]이라 하고, 온갖 지혜를 갖추었으므로 지혜장(智慧藏)이라 하고, 만법이 여일함에 돌아가므로 여래장(如來藏)이라 한다.

　경에 말씀하시기를, '여래라 함은 모든 법의 여실한 이치'라 하셨고, 또 말씀하시기를, '세간의 온갖 생멸하는 법은 여실함에로 돌아가지 않는 것이 없다' 하였다."

12.

어떤 손님이 물었다.

"저는 율사·법사·선사 가운데서 어느 분이 가장 수승한지 모르옵니다. 화상께서 자비로써 지시해 주십시오."

대사가 대답했다.

"율사라는 것은 비니(毘尼:계율)의 법장을 열어서 부처님 일대의 유풍(遺風)을 전하고, 지키는 것과 범하는 것을 잘 알고 열고 막는 것을 통달하여, 위의를 잘 갖추어 규칙을 시행하고, 세 차례의 갈마(羯磨)를 거듭하여 네 가지 과위(果位)의 밑받침을 삼으니, 만일 전생부터 공덕을 쌓은 대덕[白尾]이 아니면 어찌 감히 쉽사리 할 수 있겠는가?

법사란 사자좌에 걸터앉아 폭포 같은 웅변을 쏟고, 빽빽이 모인 많은 사람들에게 현묘한 관문을 열어 주며, 반야의 미묘한 문을 열어 주어 삼륜(三輪)이 고루 공한 보시를 하게 하니, 용상대덕이 아니면 어찌 감히 이 일을 감당하랴.

선사란 요점을 추려서 마음의 근원을 바로 통달하고, 나고 들고, 펴고 오므리며 종횡으로 사물에 응하며, 모든 현실과 이치를 균등히 하며 단박에 여래를 보아, 생사의 깊은 근원을 뽑아버리며 바로 눈앞에 작동하는 삼매를 얻나니, 선정에 안정하여 생각을 조용히 하지 않은 이는 여기에 이르러서 모두가 어리둥절한다. 근기에 따라 법을 일러주는 것은 삼학(三學)이 다르기는 하나, 뜻을 얻고 말을 잊는다면 일승(一乘)과 무엇이 다르랴.

그러므로 경에 말씀하시기를, '시방의 불토(佛土) 안에는 오직 일승의 법만이 있고, 둘이나 셋은 있지 않다. 부처님의 방편으로 말한 것만은 제외하나니 오직 거짓 이름으로 중생을 인도한다'고 하셨다."

"화상께선 불교의 뜻을 깊이 통달하여 걸림 없는 변재를 얻으셨군요."

그리고는 다시 물었다.

"유교·도교·불교의 같은 점과 다른 점은 무엇입니까?"

대사가 대답했다.

"도량이 큰 사람이 활용하면 같고, 기틀이 작은 이가 집착하면 다르다. 모두가 한 성품 위에서 일어난 작용으로써, 근기의 견해에 따른 차별로 셋이 된다. 미혹함과 깨달음은 사람에게 달렸고, 교법의 같고 다름에 있지 않다."

13.

유식(唯識)을 강하는 도광(道光)이라는 강사가 물었다.
"선사께선 어떤 마음을 써서 도를 닦으십니까?"
대사가 대답했다.
"노승(老僧)은 쓸 마음이 없고, 닦을 도도 없다."
"쓸 마음이 없고, 닦을 도가 없다면 어째서 날마다 대중을 모아놓고 선을 배우고, 도를 닦으라 하십니까?"
"노승에게는 송곳 꽂을 자리도 없는데 어디에다 대중을 모았다 하며, 노승에게 혀도 없거늘 언제 사람들을 권했다 하는가."
"선사께선 마주보면서 거짓말을 하십니다."
"노승은 사람들을 권장할 혀도 없는데 어떻게 거짓말을 하겠는가?"
"저는 선사의 말씀을 이해하지 못하겠습니다."
"노승 자신도 이해하지 못한다."

14.

 화엄(華嚴)을 강하는 지(志) 강사가 물었다.
 "선사께선 왜 푸른 대나무는 모두가 법신이요, 휘늘어진 개나리는 반야 아닌 것이 없다는 말씀을 수긍치 않으십니까?"
 대사가 대답했다.
 "법신은 형상이 없는데 푸른 대에 맞추어 형상을 이루고, 반야는 지각이 없는데 개나리를 대하여 형상을 드러낸다. 저 개나리와 푸른 대 그대로가 반야와 법신을 갖춘 것은 아니다.
 그러므로 경에 말씀하시기를, '부처님의 참 법신은 마치 허공과 같은데, 물건에 따라 형상을 나타내는 것이 마치 물속의 달과 같다'라고 하셨다. 개나리가 반야라면 반야는 무정물(無情物)과 같을 것이요, 푸른 대가 법신이라면 푸른 대가 능히 작용을 해야 할 것이다. 좌주여, 알겠는가."
 "그 뜻을 모르겠습니다."
 "성품을 본 사람은 옳다 해도 되고, 옳지 않다 하여도 된다. 작용에 따라 말해도 시비에 막히지 않는다. 성품을 보지 못하는 사람은 푸른 대라 하면 푸른 대에 집착하고, 개나리라고 하면 개나리에 집착하며, 법신이라 하면 법신에 걸리고, 반야라 하면 반야를 모른다. 그러므로 모두가 논쟁이 되는 것이다."

  지 강사가 절을 하고 물러갔다.

15.

어떤 사람이 물었다.
"마음을 가지고 수행하면 언제나 해탈을 얻겠습니까?"
대사가 대답했다.
"마음을 가지고 수행하면 마치 흙탕물로 때를 씻는 것과 같다. 반야는 현묘하여서 본래부터 나지 않거니와 큰 작용이 나타남에는 시절을 논하지 않는다."
"범부도 그럴 수 있습니까?"
"성품을 본 이는 범부가 아니니, 최상승(最上乘)을 단박 깨쳐 범부도 성인도 초월한다. 미혹한 사람은 범성(凡性)을 말하거니와 깨달은 사람은 생사와 열반을 초월하고, 미혹한 사람은 현상과 이치를 이야기하지만 깨달은 사람은 큰 작용이 가이 없고, 미혹한 사람은 얻음과 증득함을 구하지만 깨달은 사람은 얻음도 구함도 없으며, 미혹한 사람은 먼 겁을 기다려 증득하지만 깨달은 사람은 단박에 본다."

16.

『유마경(維摩經)』을 강하는 강사가 물었다.

"경에 말씀하시기를, '저 외도육사(外道六師)들이 그대의 스승입니다. 그들을 따라 출가하여 그들이 떨어진 곳에 그대도 떨어져야 하고, 그대에게 보시하는 것은 복밭[福田]이랄 수 없으며, 그대에게 공양하는 이는 세 가지 나쁜 길에 빠지고, 부처와 법을 비방하고 승가의 숫자에 들지 않고, 끝내 열반을 얻지 말아야 합니다. 이렇게 할 수 있어야 밥을 받을 수 있습니다' 하였는데, 이제 선사께서 자세히 설명해 주십시오."

대사가 대답했다.

"미혹해서 육근(六根)에 끄달리는 것을 육사(六師)라 하고, 마음 밖에서 부처를 구하는 것을 외도라 하며, 보시할 물건이 있으면 복밭이라 할 수 없고, 마음을 내어 공양을 받으면 세 가지 나쁜 길에 빠진다. 그대가 부처를 비방할 수 있다면 부처에 집착되지 않고 구하는 것이요, 법을 비방할 수 있다면 법에 집착되지 않고 구하는 것이요, 승가에 들지 않는다면 승가에 집착되지 않고 구하는 것이요, 끝내 열반을 얻지 않는다는 것은 지혜의 작용이 환히 드러난 것이다. 만일 이와 같이 아는 이가 있다면 그는 곧 법희선열(法喜禪悅)의 밥을 얻을 것이다."

17.

어떤 행자(行者)가 물었다.

"어떤 사람이 부처를 물으면 부처라 대답하고, 법을 물으면 법을 대답하면서 외 글자 법문[一字法門]이라 하는데 옳은지 모르겠습니다."

대사가 대답했다.

"앵무새가 사람의 말을 배워도 제 말은 못하는 것과 같이 지혜가 없기 때문이다. 비유하건대 물로 물을 씻는 것 같고, 불로 불을 태우는 것 같아서 도무지 아무리 까닭이 없다."

18.

어떤 사람이 물었다.
"말[言]과 말씀[語]이 같습니까, 다릅니까?"
대사가 대답했다.
"한 가지니라. 말이 구절을 이루는 것을 말씀이라 한다. 예컨대 영특한 변론의 도도(滔滔)함이 마치 큰 강에 흐르는 물 같고, 준수한 기틀의 첩첩(疊疊)함이 마치 둥근 그릇에 구슬을 굴리는 것 같은 것이다. 그러므로 만상(萬象)을 확연히 통하고 폭포수 같은 웅변을 소리치며, 뜻의 바다를 분석하는 이것들을 말씀이라 한다.

말이란 것은 외마디로 마음을 표시한 것이니, 안으로 현묘함을 나타내고, 겉으로 묘한 형상을 드러낸다. 만 가지 사물이 흔들어도 혼란치 않고, 맑고 흐림에 뒤섞인 듯하지만 항상 나누어진다.

제왕(齊王: 제선왕)이 이에 이르러서는 오히려 대부(大夫)의 말에 부끄러움을 느꼈고, 문수도 오히려 정명(淨名)의 말을 찬탄하였으니 요새의 예삿사람들이야 어찌 알 수 있으랴."

19.

원(源) 율사가 물었다.

"선사께선 항상 말씀하시기를, 마음이 곧 부처라 하시나 옳지 않습니다. 일지(一地)보살만 되어도 백 세계에 몸을 나타내고, 이지(二地)에서는 십 배로 늘어나는데, 선사께서는 신통을 나투어 보여주십시오."

대사가 대답했다.

"그대는 범부인가, 성인인가?"

"범부입니다."

"범상한 스님이면서 이런 경계를 능히 묻는군. 경에 말씀하시기를, '그대 마음의 높고 낮음은 부처님의 지혜에 의존하지 않는다' 하신 것이 바로 이런 경지이다."

또 물었다.

"선사께선 항상 말씀하시기를, '도를 깨달으면 현재의 이 몸으로 곧 해탈을 얻는다' 하시나, 옳지 않습니다."

대사가 대답했다.

"어떤 사람이 평생 동안 착한 일을 했더라도 갑자기 남의 물건을 훔쳐서 손에 넣으면 도적이 아니겠는가."

"그렇게 여깁니다."

"지금 당장에라도 분명하게 성품을 본다면 어찌 해탈을 얻지 못하랴."

"당장에는 반드시 안 될 것이니, 모름지기 세 아승지겁을 지내야 됩니다."

"아승지겁이란 것이 수효가 있는 것인가?"

원 율사가 소리를 지르면서 말했다.

"도적을 가지고 해탈에다 비견하니, 도리를 통할 수 있겠습니까?"

"그대 스스로가 도를 모르면서 남이 아는 것을 막지 말고, 스스로의 눈이 트이지 못했으면서 남들이 물건 보는 것에 화내지 말라."

원 율사가 얼굴을 붉히고 떠나면서 말했다.

"늙기만 했을 뿐, 도는 전혀 없구나."

대사가 대꾸했다.

"바로 떠나가는 것이 그대의 도(道:길)이다."

20.

지관(止觀)을 강하는 혜(慧) 강사가 물었다.
"선사께선 마(魔)를 가릴 수 있습니까?"
대사가 대답했다.
"마음을 일으키면 하늘 마[天魔]요, 마음을 일으키지 않으면 오음의 마[陰魔]요, 일으켰다 안 일으켰다 하면 번뇌의 마[煩惱魔]니, 나의 법에는 그런 것이 없다."
"한 마음으로 세 가지를 관찰하는 법[一心三觀]의 뜻은 또 무엇입니까?"
"과거의 마음은 지나갔고, 미래의 마음은 이르지 않았고, 현재의 마음은 머무는 바 없거늘, 그 사이에서 어떤 마음을 일으켜 무엇을 관찰하겠는가?"
"선사께서 지관(止觀)을 모르십니다."
"좌주는 아는가?"
"압니다."
"그러면 지자(智者)대사께서 말씀하시기를, '지(止)를 말해서 지를 무찌르고, 관(觀)을 말해서 관을 깨뜨린다. 지에 머물면 생사에 빠지고, 관에 머물면 정신이 혼란해진다' 하였으니, 이는 마음을 가지고 마음을 그치는 것이라 여기는가? 아니면 마음을 일으켜 관을 관찰한다 여기는가? 만일 있는 마음으로 관찰하면 이는 상견(常見)의 법이요, 없는 마음으로 관찰하면 이는 단견(斷見)의 법이요, 있기도 하고 없기도 하다면 둘을 고집하는 법[二見法]이 된다. 좌주는 자세히 설명해 보라."

"그렇게 물으시면 아무 말도 할 수 없습니다."

"그래서야 어찌 지관을 했다 하겠는가?"

21.

어떤 사람이 물었다.
"반야는 큽니까?"
대사가 대답했다.
"크다."
"얼마나 큽니까?"
"끝이 없다."
"반야는 작기도 합니까?"
"작다."
"얼마나 작습니까?"
"찾아도 보이지 않는다."
"어디가 그렇습니까?"
"어디가 안 그렇던가."

22.

『유마경』을 강하는 강사가 물었다.
"경에 말씀하시기를, '여러 보살들이 제각기 불이법문(不二法門)에 들어갈 때에 유마거사는 잠자코 있었다' 하니, 이것이 마지막 도리입니까?"

대사가 대답했다.
"마지막 도리가 아니다. 만일 성인의 뜻을 다했다면 제3권에서 또 무엇을 말하겠는가."

강사가 한참 있다가 말했다.
"스님께서 마지막이 아닌 뜻을 설명해 주십시오."

"경의 제1권은 대중을 소개하고, 십대제자들이 마음이 집착된 것을 꾸짖었고, 제2권은 보살들은 제각기 불이법문에 든 것을 이야기하여 말로 말 없음을 나타냈고 문수는 말 없음으로 말 없음을 나타내니, 유마는 말 있음도 말 없음도 아닌 것으로써 잠자코 있어 앞의 말들을 다 포섭하였다. 그러므로 제3권에서는 잠자코 있는 경지에서 일어나 말씀하셔서 다시 신통의 작용을 나타내셨다. 좌주여, 알겠는가?"

"퍽이나 기묘합니다."

"그렇지도 않다."

"왜 그렇지 않습니까?"

"다만 사람들의 집착된 망정을 깨뜨리기 위하여 이렇게 말했을 뿐이거니와 경의 뜻에 의하건대 다만 물질과 마음이 공적하다고 말하여 본 성품을 보게 하고, 거짓 행을 떠나서 참된 행에 들게 하신 것뿐이다. 언어와 문자 위에서 이리저리 따지지 말고 오직 정명(淨名)이란 두 글자를 알면 된다. 정(淨)이란 본체요, 명(名)이란 자취의 작용이니, 본체에서 자취의 작용을 일으키고, 자취의 작용에서 본체로 돌아간다. 본체와 작용이 둘이 아니요, 근본과 자취가 다르지 않으니, 그러므로 옛 사람이 말하기를, '근본과 자취가 다르나 부사의(不思議)는 하나라' 했다. 그러나 하나도 하나가 아니다.

만일 정명(淨名)이란 두 글자가 거짓 지은 이름임을 알았다면 새삼스럽게 구경(究竟)이다 아니다라고 말하겠는가. 앞도 없고 뒤도 없으며, 근본도 아니고 끝도 아니요, 정(淨)도 아니고 명(名)도 아니다. 그저 중생의 본 성품이 부사의한 해탈임을 보였을 뿐이다. 만일 성품을 보지 못한 이는 죽도록이라도 이런 이치를 보지 못한다."

23.

한 스님이 물었다.

"만 가지 법은 모두가 공하고 의식의 성품도 그러합니다. 마치 물거품이 한번 흩어지면 다시는 모이지 못하는 것같이, 몸이 죽으면 다시 살아나지 못합니다. 이것이 공이거니, 어디에 다시 의식의 성품이 있겠습니까?"

대사가 대답했다.

"거품이 물로 인하여 있기 때문에 거품이 흩어지면 물은 없다 해야 옳겠구나. 그러나 몸은 성품을 인하여 있거늘 몸이 죽는다고 어찌 성품까지 없어지겠는가?"

"성품이 있다면 내어 보여주십시오."

"그대는 내일 아침이 있으리라는 것을 믿는가?"

"믿습니다."

"그럼 내일 아침을 갖다 보여다오."

"내일 아침은 분명 있는 것이나 지금은 얻을 수 없습니다."

"내일 아침을 얻을 수 없다 해서 내일 아침이 없지는 않으리라. 그대 스스로가 성품을 보지 못했을지언정 성품이 없다고는 못한다. 그대는 지금 옷을 입고 밥을 먹으며, 다니고 머물고 앉고 눕고 하며 마주보면서도 알지 못하니, 참으로 어리석다 하겠다. 그대는 내일 아침이 오늘과 다르지 않음을 보고자 하는가. 성품을 가지고 성품을 찾는 것과 다를 바 없으니, 만겁을 지나도 끝내 보지 못하리라.

또 소경이 해를 보지 못한다 해서 해가 없는 것은 아닌 것과 같다."

24.

『청룡소(靑龍疏)』를 강하는 강사가 물었다.
"경에 말씀하시기를, '말할 만한 법이 없어야 그것이 설법이라 한다' 한 것을 선사께선 어떻게 이해하십니까?"
대사가 대답했다.
"반야의 본체가 끝내 청정하여 한 물건도 얻을 수 없는 것이 법 없음[無法]이요, 반야의 공적한 본체 안에 항하사같이 많은 작용을 갖추어 모르는 일이 없는 것이 설법이다. 그러므로 '말할 만한 법이 없어야 설법이라 한다' 하셨다."

25.

『화엄경』을 강하는 강사가 물었다.
"선사께선 무정(無情)이 부처란 말을 믿습니까?"
대사가 대답했다.
"믿지 않는다. 만일 무정이 부처라면 응당 산 사람이 죽은 사람만 못하고, 죽은 당나귀나 개도 사람보다 나을 수가 있다. 경에 말씀하시기를, '부처의 몸은 법신이니, 계·정·혜에서 생기고, 삼명(三明)과 육통(六通)에서 생기고, 온갖 착한 법에서 생긴다' 하셨는데, 만일 무정이 부처라면 대덕이 지금 당장에 죽으면 의당 부처가 되어야 한다."

26.

어떤 법사가 물었다.

"『반야경』을 지니고 읽으면 가장 공덕이 많다는 말을 스님께선 믿으십니까?"

대사가 대답했다.

"믿지 않는다."

"그렇다면 『영험전(靈驗傳)』 10여 권이 모두 믿을 수 없겠습니다."

"산 사람이 효성을 다하면 저절로 감응이 있는 것이요, 백골(白骨)이 감응을 주는 것은 아니다. 경은 문자이니, 종이와 먹의 성품이 공(空)하거늘 어디에 영험이 있으랴. 영험이란 것은 경을 지니는 사람의 마음 쓰기에 있다. 그러므로 신통과 감응이 있는 것이다. 만일 그렇지 않다면 시험 삼아 경 한 권을 책상 위에 올려놓아 보아라. 아무도 지니는 이가 없다면 그래도 영험이 저절로 있겠는가?"

27.

한 스님이 물었다.

"온갖 이름과 문양 및 법의 모양, 그리고 말함과 잠자코 있음 따위를 어떻게 회통하여야 앞뒤가 없게 됩니까?"

대사가 대답했다.

"한 생각이 일어날 때에 본래부터 이름도 형상도 없었거늘 어찌 앞뒤가 있음을 말하겠는가? 이름과 형상이 본래 깨끗함을 알지 못하므로 허망하게 앞뒤가 있음을 계교한다.

대체로 이름과 형상의 빗장 자물쇠는 지혜의 열쇠가 아니면 열지 못하나니, 중도란 중도에 병이 있고, 두 가[二邊]란 두 가에 병이 있어서 현재의 작용이 곧 무등등(無等等)한 법신임을 알지 못한다.

미혹과 깨달음, 얻음과 잃음은 예삿사람들의 법으로써 스스로가 생멸의 마음을 일으켜 바른 지혜를 묻어버리나니, 혹은 번뇌를 끊고 혹은 보리를 구하면서 반야바라밀을 저버린다."

28.

어떤 사람이 물었다.
"율사는 왜 선(禪)을 믿지 않습니까?"
대사가 대답했다.
"이치는 깊어서 나타내기 어렵지만 이름과 형상은 지니기가 쉽다. 성품을 보지 못한 사람은 그러므로 믿지 않는다. 성품을 본 이를 일컬어 부처라 하는데, 부처를 아는 사람이라야 믿어 들어간다. 부처님이 사람을 멀리하는 것이 아니라 사람이 부처님을 멀리한다.
부처는 마음으로 짓는 것인데, 미혹한 사람은 문자 속에서 찾는다. 깨친 사람은 마음에서 깨닫고 미혹한 사람은 원인을 닦아 결과를 기다린다. 깨달은 사람은 마음이 형상 없음을 요달하고, 미혹한 사람은 물건에 집착하고 나를 지켜 '자기'라 한다. 깨달은 사람은 반야의 응용이 앞에 나타나고, 어리석은 사람은 '공'과 '유'를 집착하여 막힘을 이루고, 지혜로운 사람은 성품을 보고 형상을 깨달아 신령스럽게 통하고, 마른 지혜의 변재를 가진 이는 입이 피로하며, 크게 지혜로운 이는 요연히 체달하여 마음이 태연하다. 보살은 닥치는 물건마다 환히 비춰 보나, 그러나 성문은 경계를 겁내어 마음이 어둡고, 깨달은 사람은 날로 써도 남[生]이 없거니와 어리석은 이는 부처님을 눈앞에 두고도 막힌다."

29.

어떤 사람이 물었다.
"어찌하여야 신통을 얻습니까?"
대사가 대답했다.
"신령스러운 성품이 영검하게 통하여 항하사 세계에 두루했나니, 산하와 석벽에 왕래하여도 걸림이 없고, 찰나 사이에 만리를 왕래하여도 자취가 없다.

불이 태우지 못하고 물이 적시지 못하거늘 어리석은 사람은 스스로의 마음에 지혜가 없어 육신이 날고자 한다.

경에 말씀하시기를, '형상을 취하는 범부에게 마땅하도록 말해 준다' 하시니, 마음에 형상이 없는 것이 미묘한 색신(色身)이요, 형상 없음이 곧 실상(實相)이요, 실상의 본체가 공한 것을 허공무변신(虛空無邊身)이라 하고, 만행(萬行)으로 장엄했으므로 공덕법신(功德法身)이라 한다.

이 법신이 만행의 근본으로써 작용에 따라 이름을 세우거니와 진실로 말하자면 오직 청정법신(淸淨法身)뿐이다."

30.

어떤 사람이 물었다.

"일심으로 수도하면 과거의 업장이 소멸됩니까?"

대사가 대답했다.

"성품을 보지 못한 이는 소멸되지 않거니와 성품을 본 이는 해가 서리를 비춘 것 같다. 또 성품을 본 사람은 수미산같이 쌓인 풀더미를 별 만한 불덩이 하나로 태울 수 있는 것과 같나니, 업장은 마른 풀 같고 지혜는 불 같다."

"어떻게 해야 업장이 다한 것을 알 수 있습니까?"

"당장에 마음을 통하기만 하면 전생과 후생 일을 마주보듯이 아나니, 앞 부처님과 뒤 부처님의 만 가지 법이 같은 한 때이니라. 경에 말씀하시기를, '한 생각에 온갖 법을 알면 그것이 도량이니, 온갖 지혜를 성취했기 때문이다'고 했다."

31.

어떤 행자가 물었다.
"어찌하여야 바른 법에 머물 수 있습니까?"
대사가 대답했다.
"바른 법에 머물려는 것이 삿된 짓이다. 무슨 까닭인가 하면, 법에는 삿됨도 바름도 없기 때문이다."
"어찌하여야 부처가 되겠습니까?"
"중생의 마음을 버릴 필요가 없이, 오직 제 성품을 더럽히지만 말라. 경에 말씀하시기를, '마음과 부처와 중생, 이 셋은 차별이 없다' 하셨다."
"그렇게 알면 해탈을 얻겠습니까?"
"본래부터 속박한 일이 없으니, 해탈을 구할 것 없다. 법은 언어와 문자를 초월한 것이니, 법수(法數)와 구절 속에서 구할 것이 아니요, 법은 과거·현재·미래가 아니니 인과 가운데서도 계합할 수 없고 법은 온갖 것을 초월한 것이니, 법신은 형상이 없으되 사물에 따라 형상을 나타내므로, 무엇에 견주어 비교할 바 아니다. 그러므로 세간을 여의고서 해탈을 구하지 않는다."

32.

한 스님이 물었다.
"어떤 것이 반야입니까?"
대사가 대답했다.
"그대는 아니라고 의심하는 것을 말해 보라."
"어찌하여야 성품을 봅니까?"
"보는 것 그대로가 성품이다. 성품이 없으면 볼 수 없다."
"어떤 것이 수행입니까?"
"제 성품을 더럽히지만 말라. 이것이 수행이다. 스스로 속이지만 말라. 이것이 수행이다. 큰 활용[大用]이 나타나면 그것이 무등등한 법신이다."
"성품에도 악(惡)이 있습니까?"
"거기에는 선(善)도 성립되지 않는다."
"선도 악도 성립되지 않으면 마음은 어디에 씁니까?"
"마음을 가지고 마음을 쓴다면 큰 잘못이다."
"어찌하여야 좋습니까?"
"어쩔 것도 없고 좋을 것도 없다."

33.

어떤 사람이 물었다.

"어떤 사람이 배를 탔을 때에 배 밑바닥에 달팽이가 깔려 죽으면 사람이 죄를 받습니까, 배가 죄를 받습니까?"

"배도 사람도 모두 마음이 없었으니, 죄는 바로 그대에게 있다. 마치 모진 바람에 나뭇가지가 꺾이면서 생명을 상한 것 같아서 지은 이도 없고, 받을 이도 없나니, 세계 안에는 중생이 괴로움 받지 않는 곳이 없다."

34.

한 스님이 물었다.

"심정에 의탁하는 시늉과 경계를 가리키는 시늉과 말하거나 잠잠한 시늉과 내지 눈썹을 움직이거나 눈알을 굴리는 시늉들을 어떻게 하여야 한 생각 사이에 회통하겠습니까?"

대사가 대답했다.

"성품 이외의 일[事]이란 없다. 현묘(玄妙)함을 쓰는 이는 움직이거나 고요함에 모두 현묘하며, 마음이 참된 이는 말하거나 잠잠함에 모두 참되고, 도를 아는 이는 다니고 머물고 앉고 누움이 모두 도이다. 그러나 제 성품을 미혹함으로써 만 가지 미혹이 이에서 생겨난다."

또 물었다.

"어떤 것이 법에 종지(宗旨)가 있는 것입니까?"

대사가 대답했다.

"그 세우는 바에 따라 여러 뜻이 있으니, 문수도 머뭄 없는 근본에 의지하여 온갖 법을 세웠다."

"허공과 같은 것입니까?"

"그대는 허공과 같아질 것을 두려워하는가?"

"두려워합니다."

"두려움을 아는 것은 허공과 같지 않다."

또 물었다.

"말이 바야흐로 미치지 못하는 곳을 어찌하여야 알 수 있습니까?"

대사가 대답했다.

"그대가 지금 바로 말하고 있을 때, 어디를 미치지 못한다고 의심하는가?"

35.

어떤 숙덕(宿德) 10여 명이 함께 물었다.

"경에 말씀하시기를, '불법을 파괴해 없앤다' 하였는데, 불법이 파괴해서 없앨 수 있는 것입니까?"

대사가 대답했다.

"범부나 외도들은 불법을 파괴해 없앤다 하고, 이승(二乘)은 파괴해 없애지 못한다 하거니와 나의 정법에는 이런 두 가지 소견은 없다. 만일 정법을 말하자면 범부·외도뿐만 아니라 부처의 경지에 이르지 못한 이는 이승이라도 모두 나쁜 사람들이다."

"참 법·허망한 법·빈 법·비지 않은 법들이 제각기 종자의 성품이 있습니까?"

"법에 종자의 성품이 없기는 하나 사물에 따라 모두 나타난다. 마음이 허환(虛幻)하므로 온갖 것이 함께 허환하나니, 한 법이라도 허환하지 않는 것이 있다면 허환이란 일정함이 있을 것이다. 또 마음이 공하므로 온갖 것이 모두 공하나니, 한 법이라도 공하지 않은 것이 있다면 '공'의 정의는 이루어지지 않는다.

미혹할 때엔 사람이 법을 따르고, 깨달을 때엔 법이 사람을 말미암는다. 마치 삼라만상이 '공'에 이르러 극치를 이루고, 백 갈래의 개울은 바다에 이르러 극치를 이루고, 모든 성현은 부처에 이르러 극치를 이루고, 12분경과 5부의 율장[毘尼]과 다섯 가지 베다[圍陀]는 마음에 이르러 극치를 이룬다.

마음은 삼매[總持]의 오묘한 근본이며, 만 가지 법의 큰 근원이다. 또는 지혜장(智慧藏)이라고도 하고, 혹은 무주열반(無住涅槃)이라고도 하여 백천 가지 이름들이 모두가 마음의 다른 이름일 뿐이다."

"어떤 것이 허환한 허깨비입니까?"

"허깨비는 일정한 정체가 없나니, 마치 빙글 돌리는 불 바퀴나 건달바의 성이나 기관(機關)으로 된 꼭두각시나 아지랑이나 허공의 꽃과 같아서, 모두가 실다운 법이 없다."

"누구를 큰 요술쟁이라 합니까?"

"마음을 큰 요술쟁이라고 하고, 몸을 큰 요술의 성이라고 하고, 이름과 형상은 큰 요술의 의식(衣食)이라고 한다. 항하사 세계에는 허환한 허깨비 밖의 일이 없는데, 범부는 요술을 알지 못하고 곳곳에서 요술 같은 업에 홀리고, 성문은 요술의 경계를 두려워하여 마음을 어둡게 한 채 적멸에 들고, 보살은 요술의 법을 알고 요술의 본체를 통달하여 온갖 이름과 형상에 구애되지 않고, 부처님은 큰 요술쟁이로 큰 요술의 법륜을 굴려 큰 요술의 열반을 이루고, 요술 같은 생멸을 바꾸어 생멸치 않음을 얻고, 항하사같이 많은 더러운 국토를 바꾸어 청정한 법계를 이루는 것이다."

36.

한 스님이 물었다.

"무슨 까닭에 경을 읽지 못하게 하면서 나그네의 말이라 하십니까?"

대사가 대답했다.

"마치 앵무새와 같아서 다만 사람의 말을 배울 뿐이요, 사람의 뜻은 얻지 못하기 때문이다. 경은 부처님의 뜻을 전하는데 부처님의 뜻은 얻지 못하고 경만 읽으니, 이는 말을 배우는 사람이다. 그러므로 허락하지 않는다."

"문자와 언어를 떠나서 따로 뜻이 있을 수 없습니까?"

"그대가 이렇게 말하는 것도 역시 말을 배우는 것이다."

"똑같이 말인데 어째서 치우쳐 반대하십니까?"

"그대는 지금 자세히 들으라. 경전에 분명한 글이 있다. '내가 말한 것은 이치의 말이고 글이 아니요, 중생이 말한 것은 글의 말이고 이치의 말이 아니다' 하였다.

뜻을 얻은 이는 들뜬 말을 초월하고, 이치를 깨달은 이는 문자를 초월한다. 법은 언어와 문자를 지난 것이니 어찌 법수와 언구 속에서 구하랴. 그러므로 보리의 마음을 일으킨 이는 뜻을 얻고 말을 잊으며, 이치를 깨닫고는 교리를 버린다. 흡사 고기를 얻고는 통발을 잊고, 토끼를 잡고는 그물을 버리는 것과 같다."

37.

어떤 법사가 물었다.

"염불은 형상 있는 대승인데, 선사께서는 어찌 생각하십니까?"

대사가 대답했다.

"형상이 없어도 대승이 아니거늘, 하물며 형상이 있는 것이겠는가. 경에 말씀하시기를, '형상을 취하는 범부에게는 그 상황 따라 말해준다' 하셨다."

또 물었다.

"정토(淨土)에 태어나기를 원하는데, 실제로 정토가 있습니까?"

대사가 말했다.

"경에 말씀하시기를, '정토를 얻고자 하면 그 마음을 맑게 하라. 그 마음이 맑아지면 부처님 국토도 맑아진다' 하였다. 마음이 청정하면 있는 곳마다 모두가 정토이니, 마치 왕의 집에 태어난 아들은 결정코 왕의 지위를 이어받는 것같이, 마음을 일으켜 불도에 향하면, 이는 부처님의 정토에 나는 것이다.

만일 마음이 부정하면 태어나는 곳마다 모두 더러운 국토이니, 더럽고 깨끗함은 마음에 있고 국토에 있지 않다."

또 물었다.

"매양 도를 말씀하시는 것을 듣는데, 어떤 사람이 볼 수 있습니까?"

대사가 대답했다.

"지혜의 눈이 있는 이가 본다."

"대승을 퍽 좋아하는데, 어떻게 배워 얻을 수 있습니까?"

"깨달으면 얻고 깨닫지 못하면 얻지 못한다."

"어찌하여야 깨닫습니까?"

"자세히 관찰하기만 하라."

"무엇과 비슷합니까?"

"비슷한 물건이 없다."

"그러면 끝내 공하겠군요."

"'공'에는 끝내랄 것이 없다."

"그러면 있는 것이겠습니다."

"있으되 형상이 없다."

"깨닫지 못할 때엔 어떠합니까?"

"대덕 스스로가 깨닫지 못할 뿐이요, 아무도 막을 사람은 없다."

"불법이 세 살피[三際:겉·안·중간]에 있습니까?"

대사가 대답했다.

"현재는 형상이 없어서 밖에 있지도 않고 응용이 무궁하여 안에 있지도 않으며, 중간엔 머물 곳이 없나니, 세 살피를 얻을 수 없다."

"그 말씀이 퍽 혼돈스럽습니다."

"그대가 바야흐로 혼돈하다는 한마디를 할 때엔 안에 있는가, 밖에 있는가?"

"제자는 더듬고 찾아도 안팎은 자취가 없습니다."

"자취가 없다면 위에서 말한 것이 혼돈치 않음을 분명히 알라."

"어찌하여야 부처가 되겠습니까?"

"마음이 부처이니, 이 마음으로 부처가 된다."

"중생이 지옥에 들어가면 불성도 들어갑니까?"

"지금 바야흐로 악을 행할 때에 선이 따로 있는가?"

"없습니다."

"중생이 지옥에 들 때에 불성도 그렇다."

"온갖 중생이 모두 불성이 있다는데, 어떠합니까?"

"부처의 작용을 하는 것이 불성이요, 도적이 되었을 때엔 도적의 성품이요, 중생의 작용을 하면 중생의 성품이니, 성품은 형상이 없는 것이나 작용에 따라 이름을 세운다. 경에 말씀하시기를, '온갖 성현들은 모두가 하염없는 법에 의하여 차별이 있다' 하였다."

38.

한 스님이 물었다.
"어떤 것이 부처입니까?"
대사가 대답했다.
"마음을 떠나서는 부처가 없다."
"어떤 것이 법신입니까?"
"마음이 법신이니, 능히 만 가지 법을 내기 때문에 법계의 몸이라고도 한다. 『기신론(起信論)』에 말씀하시기를, '법이라는 것은 중생심(衆生心)을 이르는 말이니, 이 마음에 의하여 마하연(摩訶衍)의 이치를 나타낸다' 하셨다."
또 물었다.
"무엇을 큰 경전이 작은 티끌 속에 들어 있다고 합니까?"
대사가 대답했다.
"지혜가 경전이니, 경에 말씀하시기를, '큰 경전이 있어 부피가 삼천대천세계와 같은데 한 티끌 속에 들어 있다' 하였으니, 한 티끌이란 한 생각의 티끌이다. 그러므로 한 생각의 티끌 속에서 항하사 게송을 연설해 내거늘 사람들이 알지 못할 뿐이다."

"무엇을 큰 이치의 성[大義成]이라 하며, 무엇을 큰 이치의 왕[大義王]이라 합니까?"

"몸을 큰 이치의 성이라 하며, 마음을 큰 이치의 왕이라 한다. 경에 말씀하시기를, '많이 듣는 이는 이치엔 능할지언정 말엔 능하지 않다' 하시니, 말이란 생멸의 이치이다. 뜻은 생멸치 않고, 뜻은 형상이 없는 것이어서, 언어의 밖에 있다. 마음이 큰 경전이요, 마음이 큰 이치의 왕인데, 마음을 분명하게 알지 못하는 이는 이치에 능하다 할 수 없다. 단지 말을 배우는 사람일 뿐이다."

또 물었다.

"『반야경』에 말씀하시기를, '아홉 종류의 중생을 제도하여 모두를 열반에 들게 한다' 하셨고, 또 말씀하시기를, '실제로는 한 중생도 열반에 든 이가 없다' 하시니, 이 두 말씀을 어떻게 회통해서 알겠습니까? 앞뒤 사람들이 모두 말하기를, '실제로 중생을 제도하더라도 중생의 상을 취하지 않는다' 하는데, 항상 의심이 풀리지 않습니다. 스님께서는 설명해 주십시오."

대사가 대답했다.

"아홉 종류의 중생이 한 몸에 구족하니, 짓는 데 따라 이루어진다. 무명(無明)은 난생(卵生)이요, 번뇌가 싸고 싼 것은 태생(胎生)이요, 애욕의 물에 잠긴 것은 습생(濕生)이요, 깜박 사이에 번뇌를 일으키는 것은 화생(化生)이다. 깨달으면 부처이거니와 미혹하면 중생이니, 보살은 다만 생각생각에 일어나는 마음으로 중생이라 하거니와 생각마다의 마음의 본체가 공한 것을 깨달으면 중생을 제도한다 하느니라. 지혜로운 이는 근본 바탕 위에서 형체 이전의 것을 제도하는데 형체 이전의 것이 공하다면 실제로 중생을 제도할 것이 없음을 알 수 있다."

39.

한 스님이 물었다.
"언어가 마음입니까?"
대사가 대답했다.
"언어는 인연일지언정 마음은 아니다."
"인연을 떠나서는 무엇이 마음입니까?"
"언어를 떠나서는 마음이 없다."
"언어를 떠나서 마음이 없다면 무엇이 마음입니까?"
"마음은 형상이 없다. 언어를 여의지도 않았고, 언어를 여의지 않지도 않았다. 마음은 항상 담연(湛然)하여서 자유자재하게 응용한다. 조사께서 말씀하시기를, '마음이 마음 아닌 줄 알면 비로소 마음, 마음 하는 법을 안다' 하시니라."

40.

한 스님이 물었다.
"어떤 것이 정과 혜를 함께 배우는 것입니까?"
대사가 대답했다.
"정은 혜의 본체요, 혜는 정의 작용이니, 정에서 혜가 일어나고, 혜에서 정으로 돌아간다. 마치 물과 물결이 한 몸인 것 같아서, 앞뒤가 없는 것을 정과 혜를 함께 배우는 것이라 한다. 출가한 사람들은 말끝을 따르지만 말라. 다니고 멈추고 앉고 누움이 모두가 그대의 성품의 작용이다. 어느 곳인들 도와 상응하지 않으랴. 우선 그대 스스로가 일시에 쉬기만 하라. 만일 바깥 경계의 바람을 따르지 않으면 성품의 물이 항상 스스로 맑으리라. 무사안녕[無事珍重]하라."

찾아보기

【ㄱ】

갈마 237
객진번뇌 44
경덕전등록 13 15
공덕법신 84 86 262
공무변처천 169
교시가 225
구경각 16 19 20 28 34 54 68
　73 79 87 91 150 161 171
　180 204 208
구경무심 54 86
구경상적광토 28
구경열반과 173
금강불괴심 86
금강신품 39
기신론 276

【ㄴ】

난생 277
남전 15
능가경 21 22
능엄경 43 44

【ㄷ】

다라니집 225
단견 47 51 250
단멸 38 54 88 119 122 176
　178
단멸공 172
단바라밀 62 63 65
담연상적 34
대력보살 26
대법천 169
대율(大律) 57
대주혜해 13
대치문 221
도지화상 13 14 215
등각 20 90 91 92 208

【ㅁ】

마명조사 230
마조 13 14 15 16 215 216
마조도일 13
마하연 276
망상분별 73
묘각 45 90 91 92 130 208

묘법 41
묘유 38 41 65 77 78 94 122
　　139 141
무기심 27 83
무념심 77 153
무등등 221 259 265
무량력존 26
무상천 169
무색계 169
무생법인 28 47 80 128 166
　　167 177
무생심 26 27 29 38 45 75 79
무소견 46
무소유처천 169
무심지 27 35 199
무여열반 45
무위법 160 161 173
무장애법계 41
무주심 30 45
무주열반 270
무진장 236
미세망념 20 27 53 54 67 124

【ㅂ】

반야바라밀 65 259
방광경 84
백장 15

백장광록 15
법구경 37
법상 15
법성법신 84 86
법신 84 85
법애 208
법장 236 237
법희선열 244
보리 22 56 259 272
보살계경 26 28
보시바라밀 63
보신 152 153
부사의묘법 141
부사의해탈경계 157
분별망념 53
분별망상 35 165 191 192
분별육식 27
불명경 24
불이법문 123 177 252
비상비비상처천 169

【ㅅ】

사료간 139
사마외도 174
사바라이 130 131
사십팔경계 130 131
사악취 169

사익경 65
사주 169
사지보리 153
삼명 257
삼신사지 24 93 149 151 154
삼장법사 226
삼취정계 226
삼학 70 71 238
삽삼조사 20 29
상견 52 250
상음 164 165
상주법계 83 111 119
상주불멸 49 52 83 86 125 156
상주신 156 158
색계 169
생멸법 141 156 173
생멸신 156 158
생멸심 21 53 86 159
생사해탈 18
선문경 24 25
선바라밀 65
선종정맥 29
설통 136
성소작지 149 150 152
세 살피 274 275
수승묘안 225
수음 164 165

습생 277
시라바라밀 65
식무변처천 169
식음 165 166
실상공 87
실상법신 84 86
십사유 169
십중대계 130 131
십지 20 91 208
십지보살 19 79
쌍차쌍조 60 139

【ㅇ】

아뇩보리 236
아라한과 45
아인심 175 185
업식망상 47
여래묘색신 122
여래장 236
여전무수 54
열반경 39 104 138 139 189 206
열반과 173
염루심 127 128
영가스님 16
영험전 258
오가칠종 29

오근 58
오매일여 68 83
오정거천 169
온광대덕 230
욕계 169
유교경 21 23
유여열반 45
유위법 160 161 173
육도만행 93 205 206
육식통 226
육조단경 15
육통 257
응화법신 84 86 87
이성공 59
이십오유 166 167 168 169
일체삼보 233 235
일체유심조 22
일체종지 25 52 132

【 ㅈ 】

자가보장 184
자력수행 184
자성묘용 125
자성청정심 44 45 47 50 56
    65 67 68 72 91 131 132
자연해탈 56 75
적멸법 134 135

전심법요 15
절대공 37
정견 47 77 112
정념 77
정등각 49 52 65 67 68 91
    104 107 108 113 154 156
    161 163 187 199
정혜등법 112
제7심식 149
제8아뢰야 16 20 27 34 53
    54 67 73 79 83 116 124
    151
제8함장식 149
조당집 13 15
종지 53 189 267
종통 29
중도사상 211
중도실제 114 116
중도정견 48 59 97 122 123
중도행 68
중생심 230 276
즉색즉공 120 122 123
증도가 16
증상만 89 236
증상만 84 85 88
증애심 105 158 206 208
지혜장 236 270
진공 115 122 139 141 147

151 236
진공묘유 33 36 37 41 71 77
　　78 86 121 122 130
진여대용 47 49 50 52 56 67
　　68 77 141 172
진여본성 16 27 29 49 85 96
　　97 116 125 131 132 174
　　179
진여실제 116
진여심 47 169
진여자성 19 21 25 27 52 72
　　77 78 80 83 92 97 115
　　118 138 150 153 174 178
　　179
진여정념 172

【 ㅊ 】

차제향상 91
차조동시 54 112
찬제바라밀 65
체용 53
초선천 169
치연건립 38

【 ㅌ 】

태생 277

통팔식 150 169

【 ㅍ 】

팔식 149 150
팔해육통 93
필경공 37 199
필경공적 158

【 ㅎ 】

항사묘용 36 38 54 65 86 93
　　94 103 107 111 118 128
　　136 141 151 172 177 204
해오 19 20 29 33 54
해탈심 75 79 199
행음 164 165
행주좌와 77 83
허공무변신 262
현안 14 216
화광동진 186
화생 277
화신 152 153
후유 166 167
휴유신 167

성철스님의
돈오입도요문론 강설

초판인쇄 1986년 6월 25일
개정 3쇄 2025년 3월 1일

지은이 퇴옹 성철
발행인 여무의(원택)
발행처 도서출판 장경각

등록번호 합천 제1호
등록일자 1987년 11월 30일

본 사 경남 합천군 가야면 해인사길 118-116 해인사 백련암
서울사무소 서울시 종로구 삼봉로 81
            (수송동, 두산위브파빌리온) 1232호
전 화 (02)2198-5372
홈페이지 www.sungchol.org

ⓒ 2015, 장경각

ISBN 978-89-93904-15-4 03220

값 15,000원

※이 책에 실린 내용은 무단으로 복제하거나 전재할 수 없습니다.
※잘못된 책은 교환해 드립니다.